Hans-Peter Wilhelmer

Mein Geld gehört mir

Die Fallen der Banken,
Versicherungen, Finanzierungen
und bei der Privatvorsorge

NP

Deutsche Bibliothek - CIP-Einheitsaufnahme

Wilhelmer, Hans-Peter:
Mein Geld gehört mir : [die Falle bei Banken, Versicherungen, Finanzierungen und Privatvorsorge] / Hans-Peter Wilhelmer. - St. Pölten ; Wien ; Linz : Niederösterr. Pressehaus, 2001
ISBN 3-85326-193-0

www.np-buch.at
verlag@np-buch.at

Gestaltung: Verlagsbüro Wien

Coverfoto: © Tony Stone, Bruce Gardner

Gesamtherstellung:
Niederösterreichisches Pressehaus
Druck- und Verlagsgesellschaft mbH
A-3100 St. Pölten, Gutenbergstraße 12

Inhaltsverzeichnis

Warum dieses Buch für Sie wichtig ist

Schlagzeilen wie „Kreditzinsenstreit", „Jahrzehntelang vermutlich zu viel Kreditzinsen kassiert", „Kommt eine Bankenschlichtungsstelle", „Böhmdorfer fordert Ombudsmann" sind seit geraumer Zeit Zündstoff zwischen dem Justizministerium, den Konsumentenschützern und Banken einerseits, den Kreditnehmern und Kontoinhabern andererseits.
Seit Monaten werde ich als ehemaliger Bankdirektor und Finanzberater von meinen Kunden und Freunden bestürmt, mein Insider-Wissen endlich den Konsumenten zugänglich zu machen. Zu undurchsichtig ist der Dschungel der Kontogebühren, Kreditzinsen, Überziehungszinsen, Zuschläge, Aufschläge, Spesen usw. geworden. „Mein Geld gehört mir" ist meine ganz persönliche Antwort auf diesen Streit, der in Österreich derzeit stattfindet. Es darf dem Konsumenten nicht egal sein, ob er seine zu viel bezahlten Zinsen drei oder dreißig Jahre bei den Banken einklagen kann, ob ihm ein Ombudsmann für seine Anliegen zur Verfügung steht oder ob er die Gerichte anrufen muss, um die vermeintlich zu hoch verrechneten Kreditzinsen zurückfordern zu können.
Ein möglicher Kreditzinsenskandal, der in die zwei- bis dreistelligen Milliardenbeträge geht, darf in diesem Land nicht unter den Tisch gekehrt werden. Ich sehe es als meine Verpflichtung, den Kontoinhabern umfassende Aufklärung über ihre Möglichkeiten zuteil werden zu lassen, sie auf Fallen bei Banken, Versicherungen, Anlageberatern und Kreditvermittlern hinzuweisen. Sie sollen die kleinen und großen Tricks im Umgang mit dem Bankkunden kennen und beurteilen lernen. Selbstbewusster Umgang mit der „Ware Geld", besseres Ausverhandeln der Bankkonditionen sowie umfassende Finanzierung und Vorsorge sind nur möglich, wenn der Bankkunde über alle seine Rechte informiert ist. Und zwar so informiert, dass seine Rechte nicht „klein gedruckt, verklausuliert und fachchinesisch" abgefasst sind.

Meine Recherchen haben mich weit über das Thema Banken hinaus beschäftigt. Sie werden in „Mein Geld gehört mir" auch einige Beispiele dubioser Finanzhandlungen finden und „Abwehrstrategien“ für Sie. Daran kann man erkennen, wie leicht jeder von uns Opfer dieser ausgebufften „Finanzexperten“ werden kann.

„Möge das Kunststück gelingen“ wünschen einander die Akrobaten des chinesischen Nationalzirkus, bevor sie sich in gewagte Situationen begeben. Das wünsche ich auch all jenen, die zusammen mit mir angetreten sind, dem einzelnen Bürger in diesem Land – so ihm Unrecht geschehen sein sollte – zu seinem Recht zu verhelfen.

Hans-Peter Wilhelmer
office@wilhelmer.com

PS: Ich habe in meinen Texten stets die männliche Form (Kreditnehmer, Konsument, usw.) gewählt. Dies habe ich ausschließlich aus Gründen der Einfachheit und zur leichteren Lesbarkeit getan. Ich ersuche Sie, liebe LeserIn, um diesbezügliches großzügiges Verständnis.

So finanzieren Sie richtig ...
... denn: Ihr Geld gehört Ihnen

Jeder von uns braucht Geld, mancher mehr, mancher weniger, einige, um damit überleben zu können, andere zur Erfüllung anspruchsvoller Wünsche ... Wer Geld braucht und keines hat, muss es sich ausborgen. Erbtanten, um Bevorschussung gebeten, signalisieren Schwerhörigkeit. Banken wurden auch für diesen speziellen Zweck erfunden. Sie verleihen Geld, um damit Geld zu verdienen.

Der an Sie vergebene Kredit ermöglicht Ihnen, dem Bankkunden, etwa den Kauf Ihrer neuen Wohnung, Ihres größeren Autos. Sie müssen aber wissen, dass der Grundstein des Bankenreichtums nur Ihre bequeme Gutgläubigkeit ist. Vor allem, wenn Sie Bankgeschäfte ohne fachliches Hintergrundwissen betreiben. Dieses finden Sie im vorliegenden Buch.

Das sich bisweilen geberlaunig-behördlich gebärdende „Institut" nämlich verdient – indem es Sie „betreut" – in Wahrheit viel Geld mittels stolz zur Schau getragener Großzügigkeit. Dafür werden Sie mitunter wie ein Bittsteller behandelt. Und da Sie nicht der Einzige sind, der geliehenes Geld braucht, verdient Partner Bank davon viel. In Österreich etwa ist jeder einzelne Einwohner mit durchschnittlich € 7.500,–/ATS 103.000,– bankenverschuldet, in anderen Industrieländern ist es nicht viel besser. „Vom Baby bis zum Opapa, die Schulden sind für alle da ..."

Dennoch: Wenn Sie nicht beabsichtigen, die erhaltene Kreditsumme ins nächste Spielcasino zu tragen, um sie dort sofort zu verzocken, dann ist die Aufnahme eines Kredites durchaus positiv zu bewerten, zumal sich durch diese Form der Finanzierung Ihre Lebensqualität, Ihre persönliche soziale Wertschöpfung, entsprechend steigern kann.

Achtung, Falle:

Kreditnehmer neigen – speziell in ländlichen Gegenden – oft dazu, der sie finanzierenden Bank gegenüber grenzenlos dankbar zu sein. Diese emotionale Einstellung ist gefährlich und falsch, sie bringt Sie in gefühlsmäßige Abhängigkeit und schwächt Ihre Verhandlungsposition.

Ein Kredit ist ein Geschäft zwischen der Bank und dem Kreditnehmer zu gemeinsam festgelegten Konditionen.

Geld ist eine Ware wie andere Waren. Daher ist es absolut legitim und wirtschaftlich notwendig, wie bei jedem Einkauf auch Konditionen mit der Bank *auszuverhandeln.* Grundsätzlich gilt: Die Bank ist keine Behörde, ihre Konditionen sind keine Vorschriften. Kreditbedingungen sind a priori und in aller Regel von den Banken festgeschrieben und daher für diese günstig formuliert, kaum aber Sie als Kreditnehmer. Man muss also darüber reden ...

Klar, die Bank übernimmt Risiko, das allerdings durch die in den Zinssätzen bereits großzügig einkalkulierten Risikoprämien mehr als abgedeckt ist.

Vergessen Sie nie, dass Sie mit Ihren üppigen Kreditzinsen dichte, repräsentative Filialnetze mitfinanzieren, sehr zahlreiche Mitarbeiter, diverse Jugendclubs, Weltspartagsgeschenke und teure Werbeaktionen. Darüber hinaus bezahlen Sie damit luxuriöse Verwaltungseinrichtungen, überdimensionierte EDV-Systeme und exorbitante Vorstandsdirektoren-Gagen. Das ist noch lange nicht alles: Wer, wenn nicht Sie, der Kreditnehmer, finanziert denn sonst die vielen zum Teil sehr leichtfertig vergebenen – finanziell riskanten – Abenteuer im Ausland, die sehr oft tiefrote Spuren quer durch die Bilanzen der bekanntesten Banken ziehen?

All das sollten Sie im Kopf haben, wenn Sie sich in ein Kreditgespräch begeben. Nur durch konsequentes Verhandeln, nur durch Ihren mehr oder weniger sanften Druck erreichen Sie am ehesten, was Sie wollen, nämlich: faire Vereinbarungen. Eines ist klar: Je besser Sie verhandeln, umso weniger wird die Bank an Ihnen verdienen.

Ungerechtfertigtes Vertrauen ...

... in die Hausbank und psychischer Druck, beides kostet Sie viel Geld. Das Vertrauen in Ihre Hausbank und insbesondere in den netten Bankdirektor und Kundenberater ist noch immer weit verbreitet. Dieses Vertrauen wird jedoch oft missbraucht und mit schlechten Konditionen belohnt. Das geht weit über die Thematik von zu hoch verrechneten Kreditzinsen hinaus.
Die Praxis zeigt, dass gerade im ländlichen Raum starker psychischer Druck auf die Kunden ausgeübt wird, wenn sich bei Konditionen-Überprüfungen herausstellt, dass dieses Kundenvertrauen missbraucht wurde und der Bank Konsequenzen angedroht werden. Sehr oft gibt es in kleineren Orten nur eine einzige Bank, und diese Monopolstellung wird gnadenlos ausgenützt. Der psychische Druck wird noch dadurch erhöht, dass in der Nachbarschaft, in Vereinen, im Gasthaus usw. ständige Berührungspunkte gegeben sind. Die weit verbreiteten Genossenschaftsbanken reagieren auf Reklamationen und Beschwerden sehr oft mit dem Versuch, über Mitarbeiter und auch „ehrenamtliche Funktionäre" Druck auszuüben.
Immer öfter lassen sich daher Bankkunden zur Wahrung Ihrer Interessen von unabhängigen Finanzexperten bei den Bankverhandlungen unterstützen.
Sind die Konditionen und die vertraglichen Rahmenbedingungen in Ordnung, müssten die Banker diesen Gesprächen gelassen entgegenblicken. Sehr oft ist dies aber nicht der Fall. Im Gegenteil, die Banker versuchen häufig schon im Vorfeld, bei ihren Kunden Stimmung gegen die Berater zu machen. Ein Argument ist zum Beispiel: „Der Berater macht sich nur wichtig. Er vertritt nicht die Interessen der Bankkunden und denkt primär an die eigene Honorarnote. Außerdem ist er meistens nicht vor Ort und ist für die Klienten bei Bedarf schwer greifbar usw."
Aber oft reicht es schon, wenn der Kunde dem Banker erzählt, dass er unabhängige Bankexperten konsultiert. Er wird merken, dass sich der Banker bei der Anbotslegung ganz besonders bemühen wird.
Bei gewerblichen Kreditkunden, die in wirtschaftliche Probleme geraten sind, drohen die Banken häufig mit Fälligstellungen, um

unbequeme Berater loszuwerden. Die Argumente der Hausbanken sind, dass sie zuvor nicht immer die günstigsten Konditionen anbieten, dafür aber auch in der Not ein verlässlicher Partner sind. Doch die Praxis sieht anders aus: Kreditnehmer werden in schlechten Zeiten von vielen dieser zuverlässigen Hausbankpartnern mit zusätzlichen Spesen, Überziehungszinsen und hohen Sollzinsen „bestraft". In dieser wirtschaftlich kritischen Situation ist eine Umschuldung meistens nicht möglich, und dies wird gnadenlos ausgenutzt. Dadurch wird dem Unternehmer die Chance genommen, sich tatsächlich zu sanieren. Er wird gerade so viel am Leben erhalten, dass er die Zinsen bezahlen kann, aber in einem ständigen Abhängigkeitsverhältnis bleiben muss.
Die Risikobetrachtung der Banker erfolgt meistens nur über einen kurzfristigen Zeitraum. In guten Zeiten mit Konjunkturaufschwüngen werden die Risiken vielfach unterschätzt. Die große Panik der Banker bricht jedoch bei Konjunkturdellen aus und führt vielfach zu übertriebenen und damit existenziell gefährlichen Aktionen.

Der Kreditzinsenskandal

Warum schreibe ich als ehemaliger Bankdirektor ein Buch mit dem trotzigen Titel „Mein Geld gehört mir!"? Erstens, weil ich auch heute noch, nachdem ich die Banklaufbahn verlassen und mein Leben als freier Finanzberater aufgebaut habe, der Ansicht bin, dass das Ansehen einer Bank untadelig sein muss; dazu kann ein mündiger Bankkunde viel beitragen. Alle Leser, die diesen emanzipierenden Anspruch haben, sind die ideale Zielgruppe.
Weiters ist in letzter Zeit durch bestimmte Vorgänge das Vertrauen vieler Leute in ihre Banken erschüttert worden. Das Bundesministerium für Konsumentenschutz, die Arbeiterkammer sowie der Verein für Konsumenteninformation haben nämlich aufgedeckt, dass österreichische Banken *ungerechtfertigt* Zinsen in Milliardenhöhe abgerechnet haben.
Dabei handelt es sich nicht um bedauerliche Einzelfälle, wie zunächst von Seiten der Kreditinstitute gern argumentiert wurde. Dahinter steckt vielmehr System.
Gerade als ich den Text dieses Buches verfasste, wurden der

Arbeiterkammer Niederösterreich (AKNÖ) 40.000 Kreditakten mit dem Wunsch nach Kontrolle vorgelegt. Von den bisher 1.484 überprüften Krediten wurden den Kreditnehmern ATS 51.145.055,93 zu viel an Zinsen verrechnet. Aber in nur 619 Fällen konnten die entsprechenden Beträge von den betroffenen Kreditinstituten refundiert werden, obwohl man nach heutigem Wissensstand allein in Niederösterreich von einer Schadenssumme in der Höhe von sechs bis neun Milliarden Schilling ausgehen kann.
In einer Presseinformation beschweren sich österreichische Konsumentenschützer, dass sie mit unglaublichen Schikanen seitens der überprüften Banken fertig werden müssen: So wurde versucht, für jedes Kreditbestandsjahr ATS 1.000,00 für die Erstellung von Kontoabschriften zu verlangen, in vorliegenden Fällen bis zu ATS 14.000,00 pro Einzelfall; weiters wurden verschiedenste Verjährungsbestimmungen diverser Bundesgesetze zitiert, um die Herausgabe von Unterlagen zu verhindern. Einige Direktoren drohten mit einer Eintragung in der „schwarzen Liste", Fälligstellung von Krediten, Klagen und Zwangsversteigerungen von Liegenschaften.
Trotz dieser Hindernisse können die Konsumentenschützer auf Erfolge hinweisen.
Ein Bild sagt mehr als tausend Worte. In der Zinsengrafik[1] 1988 – 1999 sehen Sie die unsauberen Praktiken von Banken bei Zinsenanpassungen.

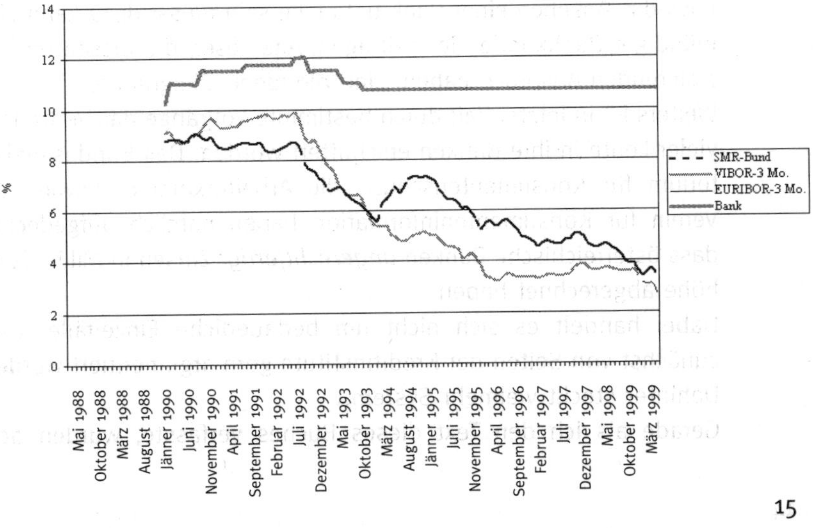

Im Folgenden wird konkret einer von vielen bereits überprüften Kreditfällen dokumentiert. Er ist repräsentativ für Tausende weitere.

Der Extremfall eines Kredites, überprüft von der AKNÖ
Kreditaufnahme ATS 3.000.000,– im Mai 1991 mit einer planmäßigen Rückzahlung von 20 Jahren. Verwendungszweck: Personalkredit/Hausankauf. Kreditaufnahme durch ein Ehepaar und *vier (!)* Bürgen
Zusätzliche Sicherheiten, welche die Bank einforderte:

- Abtretung von Lohn- und Gehaltsansprüchen durch alle *sechs* Schuldner
- Ablebens-Risikoversicherung für beide Kreditnehmer über jeweils ATS 200.000,–
- Gleich gehaltene Versicherungen für alle Bürgen über je ATS 300.000,–
- Eintragung eines Pfandrechtes bei der finanzierten Liegenschaft in Höhe von ATS 3,9 Millionen im ersten Rang

Nach einer bisherigen Laufzeit von knapp zehn Jahren ermittelten die Experten einen *Zinsenschaden von ATS 512.211,–.* Dieser Betrag wurde bereits eingefordert, die gesetzte Rückzahlungsfrist ist noch offen.
Im *„Wirtschaftsblatt“*[2] berichtet Michael Vorauer unter dem Titel *„Kreditzinsen: Banken retournieren Millionen“*: *„In der Affäre um angeblich falsch angepasste Kreditzinsen lenken fast alle betroffenen Banken ein. Raiffeisen und BAWAG mauern. Aber der Konsumentenschützer Günther La Garde hat sich festgefressen.“ Und die „Wiener Zeitung“*[3]: *„Arbeiterkammer Wien klagt BAWAG gegen Kreditzinsen.“* Doch eine Bank allein macht noch keinen Sommer! Daher eine weitere Pressemeldung vom gleichen Tag: *„Arbeiterkammer droht Raiffeisen mit Klageflut“* titelt *„Die Presse“.*
Sehr intensiv mit den Hintergründen zum Thema Kreditzinsenskandal befasste sich der *„Standard“*[4]:
„Auch Kreditnehmer mit alten Verträgen sind geschützt!“ Die Betroffenen haben gute Chancen auf Entschädigung. Seit der Hochzinsphase Anfang der neunziger Jahre hat sich das Zinsniveau am

österreichischen Kapitalmarkt dramatisch abgesenkt. In den Kreditabrechnungen der Banken wurden diese günstigeren Zinsen jedoch in vielen Fällen nicht angemessen weitergegeben, obwohl die Rechtslage dies eigentlich erforderlich gemacht hätte. Der Gesetzgeber hat als Reaktion mit der Zinsgleitklausel 1997, Konsumentenschutzgesetz Novelle 96, BGBl. 97/6 die rechtlichen Vorschriften konkretisiert. Die Banken wurden mit 1. März 1997 verpflichtet, das Zinsniveau in neuen Kreditverträgen an genau nachvollziehbare Kriterien anzupassen. Was nicht in der vom Gesetzgeber vorgesehenen Form erfolgte.
Offen blieb jedoch das Schicksal der alten, überteuerten Kreditverträge, eine Sanierungsbestimmung wurde für sie nicht erlassen.
Wieweit diese Kreditnehmer nun Anspruch auf Entschädigung haben, hängt von der Beurteilung der Gesetzeslage vor dem 1. März 1997 ab. Bereits im alten § 6 (1) Z 5 des Konsumentenschutzgesetzes ist normiert, *dass ein Unternehmer keine Preiserhöhungen einer Leistung vornehmen darf, es sei denn, dass die für die Erhöhung maßgebenden Umstände im Vertrag umschrieben sind und ihr Eintritt nicht vom Willen des Unternehmers abhängt.* Diese Bestimmungen gelten auch für Bankkredite. Daher waren auch vor der Novelle objektive Kriterien, nämlich die Kapitalmarktzinsen, für Preisveränderungen bei der Ware Geld klar und unmissverständlich zu vereinbaren.
Das Privatkreditgeschäft weist darüber hinaus mehrere wesentliche Unterschiede zur üblichen Beziehung zwischen Unternehmer und Konsumenten auf, die den Kreditkonsumenten besonders schutzwürdig machen: Einerseits begründet der Kreditvertrag ein Dauerschuldverhältnis, das in der Preisgestaltung meist variabel ist. Verbunden mit der Tatsache, dass sich der normale Bürger zwar mit Konsumgüterpreisen, nicht aber mit Zinsen und Kreditverträgen auskennt, erzeugt dies ein verschärftes Abhängigkeitsverhältnis des Kreditnehmers zu seiner Bank.
Andererseits ergibt sich seitens der Bank eine rechtlich relevante – geradezu paradoxe – Interessenkollision, wenn sie Ihre Kunden zuerst beriet und danach langjährig betreute. Da die Kreditzinsbildung meist vom „Willen des Unternehmers“ im Sinne des Eigeninteresses abhängig ist, kam die gesetzliche

Pflicht, sich an objektive Kriterien der Preisbildung Kundeninteresse zu halten, dadurch zu kurz.

Die Rechtsfolge des § 6 (1) Z 5 Kreditschutzgesetz für ältere Kreditverträge ist, dass die darin enthaltenen meist ungenau formulierten variablen Zinsbestimmungen unverbindlich sind. Da es sich dabei um einen notwendigen Hauptinhalt des Vertrages handelt, muss als Ersatz im Wege der ergänzenden Vertragsauslegung[5] die Absicht der Parteien bei Vertragsabschluss erforscht werden. Der Schutzzweck der Norm führt so zwangsläufig zu einer an objektiven Kriterien des Kapitalmarktes ausgerichteten Zinsgleitklausel. Das bedeutet, dass *auch Kreditkunden mit Verträgen, die vor dem März 1997 abgeschlossen wurden, einen Rechtsanspruch auf Zinsanpassung haben.*

Im Namen der Republik

Eine Bank klagt beim Bezirksgericht Linz-Land[6] zwei Kreditnehmer um den Betrag von ATS 64.193,10 s. A. Zugrunde liegt ein Privatkreditvertrag, der vom Erstbeklagten am 5. Februar 1993 mit der Klägerin (Bank) abgeschlossen wurde. Der Großteil der eingeklagten Summe resultiert aus Zinsbelastungen, die den Kreditnehmern als nicht gerechtfertigt erschienen. Dieses Mehrbegehren wurde im Urteil des Bezirksgerichtes abgewiesen! In der Sachverhaltsdarstellung sind einige interessante Details angeführt. Zum Beispiel: Im Hinweis auf die Reklamationsfristen auf den Kontoauszügen maßen die Großbuchstaben 1,5 mm, die fünf Hinweiszeilen ergaben eine Höhe von 13 mm und hatten folgendes Aussehen:

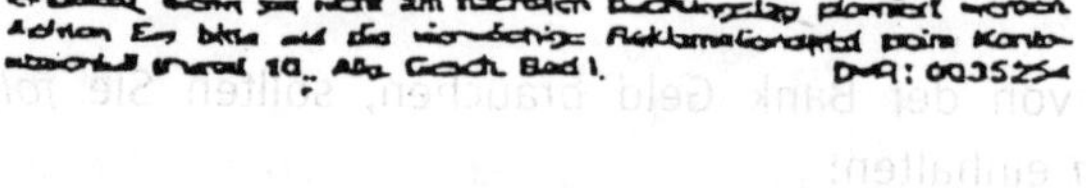

(Veröffentlichung mit freundlicher Genehmigung der AKNÖ)

„Es macht stutzig", kommentiert der Richter, „dass ein so gewissenhafter und vernünftiger Mensch wie ein Bankbeamter eine gewisse Unachtsamkeit nicht vermieden hätte, nämlich überhaupt keine schriftlichen Aufzeichnungen zu verfassen. Auch wenn Punkt 9 der AGB kein Gebot der Schriftlichkeit aufstellte, so läge es nahe, dass ein an Demut und Unterwürfigkeit vor den Innenrevisoren gewöhnter Bankangestellter einen so wesentlichen Vorgang schriftlich und von beiden Teilen abgezeichnet festgehalten hätte ..."
Oder:
„Mangels schriftlicher Unterlagen scheint eine derartige Vereinbarung anachronistisch wie Julius Caesar auf dem Fahrrad ..."
Hier sind richterliche Sachkenntnis, historisches Wissen und eine gehörige Portion Humor und Zynismus die einzige richtige Antwort.

Mein Tipp:

Nach zur Zeit der Drucklegung dieses Buches vorherrschender Rechtsmeinung können zu viel bezahlte Zinsen dreißig Jahre rückwirkend zurückgefordert werden (Tatbestand der Bereicherung).

Die Konsumentenschützer der Arbeiterkammer Wien sprechen[7] von 50.000 Fällen, wovon bereits 10.000 überprüft wurden. Der Überprüfungszeitraum umfasste die Jahre 1992 bis 1998. Die durchschnittliche Kreditsumme betrug ATS 275.000,–. Im Durchschnitt verrechneten die Banken ATS 122.000,– an Sollzinsen, die Berechnungen der Arbeiterkammer ergaben eine Zinsensumme von nur ATS 92.000,–. Das heißt, es wurden im Durchschnitt ATS 30.000,– zu viel an Zinsen berechnet.

So bereiten Sie sich auf ein Bankgespräch vor

Wenn Sie von der Bank Geld brauchen, sollten Sie *folgende Spielregeln* einhalten:

- Gehen Sie *nie unvorbereitet* in ein Bankgespräch.
- Stellen Sie *Ihre Bonität* (= Ihre Kreditwürdigkeit) und *Ihre Kreditfähigkeit* bestmöglich dar.

- Sind Sie Unternehmer, so legen Sie aktuelle wirtschaftliche Unterlagen vor, die letzte Bilanz sollte nicht älter als ein Jahr sein.
- Bilanzen sind immer Vergangenheitsbetrachtungen und lassen nur bedingt Rückschlüsse auf die laufende Geschäftsgebarung zu. Deshalb bereiten Sie einen aktuellen betrieblichen Status vor.
- Besondere Freude bereiten Sie dem Banker, wenn Sie auch eine professionell aufbereitete Vorschau bis zum Abschluss des laufenden Geschäftsjahres präsentieren.
- Schmücken Sie die Unterlagen mit Geschäftsberichten. Hatten Sie eine Finanzamtsprüfung, so legen Sie den Unterlagen den Abschlussbericht bei. Falls Sie eine größere Investition planen, bereiten Sie die Projektunterlagen transparent und verständlich auf. Schildern Sie den derzeitigen Zustand und stellen Sie die Auswirkungen bzw. die Vorteile nach der Investition dar.
- Unerlässlich ist eine exakte Kostenplanung. Die angeführten Investitionskosten unterlegen Sie mit Kostenvoranschlägen. Während der Durchführung der Investition können Sie wahrscheinlich den Geschäftsbetrieb nur eingeschränkt aufrechterhalten und müssen für diesen Zeitraum zusätzlich eine Liquiditätsreserve mit berücksichtigen. Die meisten Investitionen werden getätigt, um eine Erhöhung der Produktivität zu erreichen. Vergessen Sie bitte nicht, dass dieses Plus an Produktion und Umsatz auch einen höheren Betriebsmittelbedarf nach sich zieht, zum Beispiel in Form höherer Lagerbestände, größeren Aufwands in der Kundenakquisition, gestiegener Zahlungsziele usw. Dazu kommen die Anlaufprobleme. Ich kenne keine Investition, die auf Anhieb problemlos funktioniert hätte. Gerade dieser zusätzliche Finanzbedarf wird sehr oft unterschätzt, nicht bedacht oder zu knapp bemessen. Damit können Sie in einen sehr unangenehmen, existenziell gefährlichen und sehr teuren Liquiditätsengpass kommen. Nehmen Sie diese zusätzlichen Erfordernisse in Ihre Investitionsplanung auf, inklusive einer Liquiditätsreserve für „Unvorhergesehenes".
- Überlegen Sie, welche weiteren Fragen seitens der Bank kom-

men könnten, und bereiten Sie die Antworten darauf schriftlich vor. Zum Beispiel zu den Themen Wettbewerbssituation, umweltrelevante Aspekte, betriebswirtschaftliche Szenarien – auch unter der Berücksichtigung einer „Worst-Case"-Darstellung.

- Lassen Sie im Gespräch durchklingen, dass andere Bankinstitute Interesse bekundet hätten, mit Ihnen zusammenzuarbeiten. Überlegen Sie sich auch konkrete Besicherungsvorschläge!
- Gehen Sie davon aus, dass Banker grundsätzlich übervorsichtig sind. Denn diese haben sich im Nachhinein vor Revisoren recht zu fertigen, die in der Regel noch nie in der Situation waren, unternehmenspolitische Entscheidungen treffen zu müssen. Ihr Aufgabengebiet ist die Vergangenheit, da sie ihre Funktion ausübend nur zurückblickend vorzugehen haben. Revisoren sind dazu angehalten, sehr gerade zu denken und fantasielos zu agieren. Grundsätzlich gehen sie pessimistisch und misstrauisch an die Sache heran. Das Kreditgeschäft ist und bleibt ein Risikogeschäft, und die Wahrscheinlichkeit, mit einem pessimistischen Statement irgendwann Recht zu bekommen, ist sehr groß. Die positiven Geschäfte werden von den Revisoren als selbstverständlich hingenommen, bei den negativen haben sie es ohnehin schon immer gewusst.

Sie sehen, in welcher Zwickmühle sich Banker befinden. Liefern Sie keine Besicherungsvorschläge, wird Ihr freundliches Visavis in der Bank natürlich versuchen, ein Optimum an Besicherungen zu erreichen.

- Wenn Sie offensiv und von vornherein mit konkreten Besicherungsvorschlägen in dieses Thema einsteigen, haben Sie wesentlich bessere Chancen, Ihre Interessen durchzusetzen.
- Es geht nicht darum, der Bank vorsätzlich etwas vorzuenthalten, bedenken Sie aber: Sie tragen ohnehin ein sehr großes Unternehmerrisiko, und Sie sollten versuchen, die Existenz Ihrer Familie nicht zu gefährden.
- Bevor Sie investieren, lassen Sie sich eine schriftliche, verbindliche Finanzierungszusage mit den wesentlichen Eckpunkten wie Konditionen, Laufzeit, Besicherung geben. Es reicht nicht, wenn der Banker Ihres Vertrauens meint, es sei ohnehin alles

in Ordnung und es werde überhaupt keine Probleme geben. Die Umstände und die handelnden Personen können sich von heute auf morgen ändern.

Wie Sie Ihre Bank durchschauen will

Sind Sie überhaupt kreditwürdig?

Unter Kreditwürdigkeit versteht die Bank eine Prüfung, in der festgestellt werden soll, ob Ihnen der erbetene Kredit überhaupt zusteht. Daher versucht sie festzustellen, ob der um geliehenes Geld „ansuchende“ Kunde jene charakterlichen und moralischen Voraussetzungen besitzt, um das „Vertrauen einer Kreditgewährung“ (Fachsprache!) zu rechtfertigen. Diese Bewertung ist sehr subjektiv: Schlecht geputzte Schuhe, unsaubere Fingernägel, die fehlende Krawatte, all das spielt da eine ebenso große Rolle wie die erforderliche Beurteilung Ihres Lebenswandels, Ihrer Familien- und Wohnverhältnisse, die Anzahl Ihrer außerehelichen Kinder. Sie sind geschieden? Wie oft? Wie alt sind Sie selbst, und wie fit? Ein fanatisch nicht rauchender Bankdirektor wird einen Kettenraucher, der um einen Kredit ansucht, gesundheitlich sicherlich anders einstufen, als wenn der Bankdirektor selbst häufig am Glimmstängel zieht.

Selbstverständlich sammelt die Bank auch ihre eigenen „Erfahrungswerte“ über Ihren Umgang mit Geld und Ihre Art der Kontoführung. Nicht zu vernachlässigen die Augenblickslaune Ihres Kreditsachbearbeiters.

Wieso verfügt denn der Banker, fragen Sie sich, über Ihre persönlichen Daten, woher schöpft er intime Informationen aus Ihrem Privatleben? Sind seine Informationsquellen zuverlässig? Oder falsch, veraltet?

Mein Tipp:

Sprechen Sie Ihr Gegenüber offen an. Korrigieren Sie sachlich die vorliegenden Vorurteile zu Ihren Gunsten. Lassen Sie sich nicht abwimmeln! Werden Sie gelassen offensiv! Sagen Sie ihm, er möge seine Vorstellungen über Ihre Lebenssituation genau schildern, und führen Sie mit großer Bestimmtheit die notwendigen Korrekturen in Ihrem Sinne durch. Je mehr Punkte Sie hier für sich entscheiden können, umso stärker wird Ihre Verhandlungsposition werden.

Sind Sie überhaupt kreditfähig?

Bei der Beurteilung Ihrer Kreditfähigkeit sind wirtschaftliche Aspekte von Bedeutung – etwa Ihre persönlichen Einkommensverhältnisse. Bei Unternehmen sind Bilanzkennzahlen, Markt- und Ertragschancen, die Konkurrenzsituation usw. wichtig. Die Kreditfähigkeit dokumentiert, ob Sie sich – nach Ansicht der Bank – den Kredit überhaupt leisten können, also ob Sie in der Lage sind, die Kreditraten vereinbarungsgemäß zurückzahlen zu können. Das gilt für Privatpersonen ebenso wie für Unternehmungen.

Geld muss organisiert werden

Für jedermann, vor allem aber für einen Unternehmer, ist es eine Überlebensfrage, auf eine geordnete Finanzstruktur zu achten. Besonders wichtig ist, dass Anlagevermögen (Grundstücke, Gebäude, Einrichtungsgegenstände, Maschinen, Überschuldung usw.) mit Eigenkapital und/oder Abstattungskrediten finanziert werden. Die Laufzeit muss auf die Nutzungsdauer der Investitionsobjekte abgestimmt werden.

Den kurzfristigen Finanzierungsbedarf (Betriebsmittel) decken Sie mittels eines Kontokorrentkredites.

Finanzieren Sie diverse Investitionen über das Girokonto bzw. über einen Kontokorrentkredit, so schnüren Sie sich selbst jene wichtige freie Liquidität ab, die Sie für die Aufrechterhaltung des laufenden Geschäfts brauchen. Beachten Sie diese Grundregel nicht, kostet Sie das viel Geld, denn Kontokorrentkredite sind teuer. All das kann auf Grund des von Ihnen selbst verursachten Liquiditätsengpasses zu existenziellen Problemen führen!

Vom Verwendungszweck abhängig ...

Die „richtige" Kreditart für Ihr Unternehmen ist vor allem vom Verwendungszweck abhängig. Im Sinne einer geordneten Finanzstruktur ist es völlig falsch, betrieblich langfristige Investitionen oder Anschaffungen mit einem Kontokorrentkredit zu finanzieren. Empfehlenswert in diesem Falle ist ein auf die Nutzungsdauer abgestimmter Abstattungskreditvertrag mit regelmäßigen Raten. Im privaten Bereich ist die teuerste Variante, längerfristige Investitionen über ein überzogenes Gehaltskonto zu finanzieren. Die Konditionen sind wesentlich höher und die finanzielle Übersicht wird immer schwieriger.

Achtung, Falle!

Ich rate eindringlich davon ab, Kredite für die Finanzierung von Spekulationen aufzunehmen. Wenn Sie zum Beispiel Aktien mit dem Ziel kaufen, in relativ kurzer Zeit Spekulationsgewinne zu erzielen, so kann das für Sie fatale Folgen haben.

Die Kreditmöglichkeiten – eine Übersicht

Informieren Sie sich hier über die häufigsten Kreditarten. Zuvor ist zu klären, ob Sie

- Privatkunde,
- Firmenkunde oder
- freiberuflich tätig sind.

Prinzipiell sind zwar die Vorgehensweisen weitgehend identisch, aber die kleinen Abweichungen sollten einem bewusst sein, um im rechten Augenblick richtig zu reagieren.

Man unterscheidet zwischen folgenden Kreditarten:

- Der Ratenkredit/Abstattungskredit
  - Der Ratenkredit mit Pauschalraten
  - Der Ratenkredit mit Kapitalraten
- Das Hypothekendarlehen
- Die Bausparfinanzierung
- Endfällige Kredite
- Das Leasing
- Die Fremdwährungskredite
- Die Kontoüberziehung
- Der nicht beurkundete Kredit
- Die Kontokorrentkredite
- Der Zessionskredit
- Das Factoring

1. Der Ratenkredit

Damit finanzieren Sie anzuschaffende Güter in Raten. Seine Berechnung berücksichtigt folgende Kriterien:

- die Nutzungsdauer,
- die finanziellen Möglichkeiten des Kreditnehmers und
- die künftige Wertbeständigkeit der Anschaffung.

2. Der Ratenkredit mit Pauschalraten

Der Kredit wird in monatlich gleich bleibenden Raten zurückbezahlt, die Zinsen und die Kapitaltilgung sind darin pauschaliert enthalten.

Achtung, Falle!

Mögliche Zinssatzerhöhungen führen entweder zur Verlängerung der Laufzeit oder zu einer Erhöhung der monatlich zu bezahlenden Rückzahlungsraten.

3. Der Ratenkredit mit Kapitalraten

Die Kreditsumme wird durch die Laufzeit oder durch die Anzahl der Rückzahlungsperioden dividiert und ergibt somit die zu bezahlende periodische Kapitaltilgung. Diese bleibt immer gleich, zusätzlich werden jedoch die anfallenden Zinsen separat in Rechnung gestellt.

Achtung, Falle!

Im Gegensatz zu den gleich bleibenden Pauschalraten ist beim Darlehen mit Kapitalraten die Belastung zu Beginn der Laufzeit wesentlich höher, sie reduziert sich linear mit der Kapitalrückführung.

4. Das Hypothekardarlehen

Dieses Darlehen ist, wie sein Name sagt, mit einer Hypothek (Belastung im Grundbuch) verbunden und wird hauptsächlich bei Wohnbaukrediten beansprucht. Das von der finanzierenden Bank gewährte Darlehen wird durch die Eintragung eines Pfandrechtes im Grundbuch Ihrer Liegenschaft abgesichert. Es wird über einen längeren Zeitraum abgeschlossen. Vor allem bei der Finanzierung von Wohnbauprojekten ergibt sich durch die lange Kreditlaufzeit eine relativ geringe monatliche Rate. Damit können zum Beispiel viele Familien Ihren Traum, schöner zu wohnen, realisieren.

Achtung, Falle!

Im Gegensatz zu Höchstbetragshypotheken kann die Festbetragshypothek für weitere Kreditaufnahmen nicht wieder herangezogen werden.

Mein Tipp:

Wählen Sie längere Kreditlaufzeiten, um die monatliche Belastung geringer zu halten, so gelangen Sie im Fall unerwarteter Ereignisse nicht in einen Liquiditätsengpass. Wenn Sie sich die Summe der Gesamtrückzahlungen ausrechnen, dürfen Sie sich von den enormen Zins- und Zinseszinsbelastungen nicht abschrecken lassen. Berücksichtigen Sie dabei den Faktor Inflation, dadurch werden diese Kosten relativiert.

Sie sollten bei Hypotheken generell darauf achten, mit Ihrer Bank zu vereinbaren, dass keine Eintragung im Grundbuch erfolgt, sondern die Pfandurkunde im Kreditakt hinterlegt wird. Das spart erhebliche Kosten bei den Eintragungsgebühren und ist auch für die Optik bei Grundbuchsabfragen von neugierigen Dritten oder Geschäftspartnern vorteilhaft. Denn ein unbelastetes Grundbuch attestiert Ihnen gute Bonität, damit verbunden könnten sich Kostenvorteile bei Preisverhandlungen für Sie ergeben.
Lässt sich die Grundbuchseintragung nicht vermeiden, so können Sie mit etwas Verhandlungsgeschick Ihre Bank davon überzeugen, die Kosten der grundbücherlichen Besicherung teilweise oder sogar zur Gänze zu übernehmen.
Lassen Sie nicht locker, die Banken werden natürlich versuchen, Sie von diesem Vorhaben abzubringen. Denken Sie daran, Hauptnutznießer einer Grundbuchseintragung ist Ihr Banker, diese Beruhigungspille sollte ihm auch etwas wert sein.

5. Die Bausparfinanzierung

Die Finanzierung mittels Bauspardarlehen ist eine Art von Hypothekardarlehen. Der Kreditbetrag wird ausschließlich für die Finanzierung von Wohnraum verwendet. Die Bausparkassen halten unterschiedliche Tarife. Die Laufzeiten reichen von 10 bis 25 Jahren. Hauptvorteil der Bausparfinanzierung: der Zinssatz ist nach oben hin begrenzt. Die Belastungen sind dabei auch über einen längeren Zeitraum für Sie kalkulierbar. Zusätzlich sind Sondertilgungen oder die vorzeitige Gesamtrückzahlung des Darlehens üblicherweise jeweils zu jedem Quartalsende ohne Zuschläge möglich.

Achtung, Falle!

Eine individuelle vertragliche Gestaltung der Laufzeit, der Konditionen sowie der Besicherung ist nicht möglich, da die Auswahl nur im Rahmen der angebotenen Tarife erfolgen kann.

- Berücksichtigen Sie die hohen Nebenkosten.
- Auch die Art der Zinssatzberechnung erhöht die Effektivverzinsung und mindert die Attraktivität dieser Finanzierungsform.

Durch die eingezogene Zinssatzobergrenze bei der Bausparfinanzierung können Sie Zinserhöhungen nicht unvorbereitet überraschen. Sie ist eine kalkulierbare und konservative, jedoch auch fantasielose Variante der Wohnraumfinanzierung. Sollten Sie ein risikoscheuer Typ sein, dann ist diese Bausparfinanzierung für Ihr zartes Nervenkostüm von Vorteil.

Mein Tipp:

Ich empfehle Ihnen jedoch, sich dennoch einige weitere Finanzierungsmöglichkeiten anbieten zu lassen. Gerade bei langfristigen Vorhaben kann Ihnen die Fremdwährungsfinanzierung in Kombination mit Tilgungsträgern enorme Vorteile bringen. Allerdings: Sie müssen sich einen Kredit in Euro leisten können, ehe Sie über eine Finanzierung mit Fremdwährungskrediten nachdenken.

6. Endfällige Kredite

Während der vereinbarten Kreditlaufzeit werden nur die Zinsen bezahlt, die Kreditsumme bleibt die gesamte Kreditlaufzeit über unverändert. Sie muss bei Ablauf in Form einer einmaligen Zahlung getilgt werden.

Diese Form wird selten angewendet und ist nur dann sinnvoll, wenn die Liquidität für die Kapitalrückführung am Laufzeitende auch tatsächlich gewährleistet ist.

Mein Tipp:

Endfällige Kredite können Unternehmungen steuerliche Vorteile bringen, da die Aufwendungen für Zinsen, die die gesamte Laufzeit über für den vollen Kreditbetrag bezahlt werden, steuerliche Absetzposten sind. Im Gegensatz dazu wird bei Ratenkrediten mit zunehmender Dauer der Kreditlaufzeit der Zinsenanteil und somit die steuerliche Absetzmöglichkeit zunehmend geringer.

Endfällige Kreditvarianten mit Ansparprogrammen

Die oben beschriebene endfällige Kreditvariante wird oft bei Fremdwährungsfinanzierungen angewendet und ist in diesem Fall mit einem Ansparprogramm kombiniert. Sie zahlen während der Kreditlaufzeit nur die Zinsen; die Restschuld des Kredites bleibt für Sie immer gleich. Ihre Rückzahlung erfolgt am Ende der Laufzeit unter Verwendung des im Ansparprogramm kumulierten Guthabens.

Kreditvarianten mit Ansparprogrammen sind nur bei längeren Kreditlaufzeiten zu empfehlen, da die als Berechnungsgrundlage

verwendeten durchschnittlichen Zinssätze für die Darstellung der künftigen Guthaben auf reinen Annahmen beruhen und Marktschwankungen unterliegen. Je länger die Laufzeit, umso größer ist die Wahrscheinlichkeit, dass Sie das Anlageziel erreichen oder sogar übertreffen. Auch die Spekulation, dass die Ansparvariante die gesamte Laufzeit hindurch höher verzinst sein wird als die Kreditzinsbelastungen, sollten Sie mit Vorsicht betrachten. Deshalb ist für Sie gerade bei der Auswahl der richtigen Ansparprodukte objektive und professionelle Beratung von entscheidender Bedeutung.
Ihre monatlichen Belastungen könnten Sie auch dadurch reduzieren, indem Sie einen höheren Kredit als Ihren eigentlichen Kreditbedarf aufnehmen und mit der dadurch überschüssigen Liquidität ein Wertpapierkonto in Form eines Einmalerlages dotieren. Dieses Modell sollten Sie jedoch mit großer Vorsicht betrachten, da Ihre Risiken nochmals erhöht werden und im schlechtesten Fall in einem finanziellen Desaster enden könnten. Ich empfehle dringend, diese Art der Finanzierung, die auch Chancen verspricht, nur in Teilbereichen einzusetzen. Befassen Sie sich vorher sehr genau mit den Risiken, Sie müssen sich auch ein Worst-Case-Szenario leisten können. Vor allem rate ich Ihnen dringend, einen großen Teil dieser Ersparnisse aus der günstigeren monatlichen Rate anzusparen. Mit dieser finanziellen Reserve wird es Ihnen möglich sein, schlagend werdende Risiken abzufedern. Wählen Sie zur Ansparung dieses Notgroschens eine Sparform mit möglichst geringer Schwankung (Volatilität). Das heißt, investieren Sie den Überschuss in Renten oder Mischfonds mit einem geringen Aktienanteil (maximal 40 %). Brauchen Sie diese Reserve nicht, so können Sie sich nach Ablauf des Kredites über ein schönes zusätzliches Sparguthaben erfreuen.

Tilgungsträger (Ansparprogramme bei endfälligen Krediten)
Unter Tilgungsträger ist zu verstehen, dass bei endfälligen Krediten während der Laufzeit nur die Zinsen bezahlt werden. Die Kapitalrückzahlung ist durch regelmäßige Ansparleistungen am Ende der Laufzeit gewährleistet. Die zugrunde liegende Spekulation ist, dass die Kreditzinsen des Fremdwährungskredites

niedriger sind als jene des Tilgungsträgers. Aus dieser Differenz kann der Kreditnehmer beträchtlichen Nutzen ziehen.
Als Tilgungsträger werden Fonds und Lebensversicherungen oder Kombinationen der beiden in Form von fondsgebundenen Lebensversicherungen verwendet. Die Auswahl über die Zusammensetzung der Fonds ist von der Kreditlaufzeit abhängig. Bei einem längeren Zeitraum ist unter Berücksichtigung der statistisch höheren Performanceaussichten ein entsprechend hoher Aktienanteil beizumengen. Bei kürzeren Laufzeiten sollte der Anteil der festverzinslichen Wertpapiere überwiegen. Die Kursschwankungen können dadurch geringer gehalten werden.
Bei regelmäßigen Ansparleistungen in Fonds mit hohem Aktienanteil, kommt der Cost-Average-Effekt (Durchschnittskostensatz) zum Tragen. Dies bedeutet, dass bei fallenden Kursen und gleich bleibender Ansparleistung entsprechend mehr Fondsanteile gezeichnet werden. Bei wiederum steigenden Kursen ist mit einem überproportionalen Anstieg des Wertpapierdepots zu rechnen. Dadurch ergibt sich für den Investor ein günstigerer durchschnittlicher Einstiegskurs.

Achtung, Falle!

Der Auswahl Ihres Tilgungsträgers ist ein ganz entscheidender Faktor dafür, ob diese Form der Finanzierung letztendlich den von Ihnen erhofften Erfolg bringen wird. Sie müssen unbedingt berücksichtigen, dass sich die Rahmenbedingungen während der Laufzeit verändern. Bei gravierenden Abweichungen, positiv wie negativ, müssen Sie Maßnahmen setzen. Dazu müssen Sie flexibel sein. Fondssparprogramme, in welcher Form auch immer, sollten Sie bevorzugen, da bei den traditionellen Er- und Ablebensversicherungen der Rückkaufswert in den ersten Jahren nicht vorhanden oder nur sehr gering ist. Auch ist diese Form der Ansparung nicht sehr transparent. Mit einer separaten Ablebensversicherung, die von den Kosten meistens überschätzt wird, kann der persönliche Versicherungsschutz abgedeckt werden.

7. Das Leasing

Wirtschaftsgüter werden von Leasinggesellschaften angekauft und an die Leasingnehmer vermietet oder verpachtet. Diese Form der Finanzierung gilt sowohl für bewegliche (Auto, Maschinen, Einrichtungsgegenstände) als auch für unbewegliche (Grundstücke, Gebäude usw.) Wirtschaftsgüter.
Im privaten Bereich kennt man Leasing vor allem im Hinblick auf die Autofinanzierung, im gewerblichen Bereich wird Leasing oft für die Anschaffung von Maschinen eingesetzt. Leasing – vom Jumbo bis zum Laptop ... möglich ist da vielerlei.

Was ist der Unterschied zwischen Leasing und Kreditfinanzierung?
Beim Leasing handelt es sich um ein Mietverhältnis, bei der Kreditfinanzierung um einen Fixankauf.
Der geleaste Gegenstand bleibt im Eigentum der Leasinggesellschaft, er wird jedoch in den meisten Fällen am Ende der Laufzeit (nach Bezahlung einer Miete) in das Eigentum des Leasingnehmers übertragen. Für Privatpersonen bringt Leasing meist keine Vorteile, bei Unternehmen können steuerliche Aspekte zum Tragen kommen.

Achtung, Falle!

Beim Leasing ist Ihre Flexibilität eingeschränkt. Ein vorzeitiger Ausstieg kann teuer kommen. Achten Sie also bei besonders niedrig erscheinenden Leasingraten vor allem auf den verbleibenden Restwert am Ende der Laufzeit. Es bleiben nach Ablauf des Leasingvertrages noch Verbindlichkeiten offen, die im Normalfall rund dem Zeitwert (Gebrauchtwert) des Objektes entsprechen. Durch Schäden am geleasten Fahrzeug oder eine höhere Kilometerleistung als ursprünglich vereinbart können jedoch zusätzliche Nachzahlungen für Sie fällig werden.

Mein Tipp:

Vergleichen Sie jeweils mehrere Finanzierungsangebote! So genannte „supergünstige (= zinsenfreie usw.) Leasingangebote“ von Händlern sollten kritisch überprüft werden. Häufig werden in diesen Fällen die üblichen Nachlässe an die Käufer nicht gewährt. Dadurch wird Ihnen eine völlig verfälschte Kostendarstellung präsentiert.

Was ist besser, ein Kredit- oder ein Leasingvertrag?
Der Unterschied besteht im Wesentlichen darin, dass es sich bei Leasing um ein Mietverhältnis handelt und damit das Investitionsobjekt im Eigentum der Leasinggesellschaft bleibt. Erst zum Laufzeitende geht es durch Bezahlung einer zusätzlichen Rate in das Eigentum des Leasingnehmers über.
Um die monatlichen Kosten zu reduzieren, wird das so genannte Restwertleasing angeboten. Dabei bleiben nach Ablauf des Leasingvertrages noch Verbindlichkeiten offen, die dem Zeitwert des Objektes entsprechen sollten.
Leasing wird vielfach nicht als Kredit empfunden, und die Hemmschwelle für die Inanspruchnahme ist deshalb geringer. Eine möglicherweise gefährliche Situation.
Was aber die jeweilige Belastung betrifft, ist de facto kein Unterschied zur Kreditfinanzierung feststellbar. Die Transparenz und Vergleichbarkeit ist durch die verschiedenen Varianten sehr schwierig. Eine Vollkaskoversicherung bei der Finanzierung eines Autokaufs mittels Leasing ist obligatorisch.
Die Nutzungsdauer von Kraftfahrzeugen ist zeitlich begrenzt: Deshalb ist es wichtig, die Laufzeit des Kredit- oder Leasingvertrages darauf abzustimmen. Man geht sinnvollerweise von drei bis fünf Jahren aus. In diesem Zeitraum sollte der Kredit zurückbezahlt sein, um für neue finanzielle Belastungen im Falle eines Neukaufes frei zu sein oder die altersbedingten höheren Reparaturkosten problemlos bezahlen zu können.
Pkw-Leasing wird oft zu Wucherpreisen angeboten, die Verträge sind extrem unfair gestaltet. Daher gibt es mancherorts sehr berechtigte massive Aktionen, die die eminenten Preisunterschiede bei der Pkw-Finanzierung aufzeigen und anprangern. Differenzen

von mehreren Prozentpunkten schlagen sich da im Einzelfall mit mehreren Tausend Euro nieder. Gearbeitet wird mit allen Tricks: Nach Berichten eines Nachrichtenmagazins etwa hatten zwei Drittel der Vertragsformulare kein Feld für die Eingabe der Gesamtbelastung vorgesehen, nur jeder fünfte Anbieter habe laut dieser konkreten Untersuchung das Recht auf vorzeitige Vertragsauflösung eingeräumt, und bei keinem einzigen überprüften Vertrag dieses Instituts gab es faire Abrechnungsmodalitäten. Daher:

a. *Vorsicht* also vor Lockangeboten von Kfz-Händlern, die den Autokauf durch besonders zinsgünstig erscheinende Kredit- oder Leasingraten schmackhaft machen wollen: Bei diesen Varianten werden die üblichen Kaufpreisrabatte nicht gewährt. Sonderangebote erweisen sich in aller Regel sehr bald als sehr teuer.
b. *Vorsicht* auch vor den *Fallen des Restwertleasings.* So können zum Beispiel durch Schäden am geleasten Fahrzeug oder durch eine höhere Kilometerleistung, als ursprünglich vereinbart, zusätzliche Nachzahlungen für Sie fällig werden.
c. Mit der Variante Restwertleasing wird Kfz-Käufern auch die Möglichkeit eingeräumt, sich durch einen hohen aushaftenden Restwert am Ende der Laufzeit ein Fahrzeug zuzulegen, das Sie sich de facto gar nicht leisten können.

Mein Tipp:

Auch wenn ich mich hier bewusst wiederhole: Bitte prüfen Sie vor Abschluss eines Kredit- oder Leasingvertrages gewissenhaft, welche monatlichen Belastungen Sie ohne Schwierigkeiten für den Kauf eines Kraftfahrzeuges aufwenden können. Holen Sie mehrere Versicherungsanbote ein. Sie werden überrascht sein, welche Unterschiede sich da beim Vergleich der Prämien (auch bei gleichen Leistungen) herausstellen.
Besorgen Sie sich mehrere Kredit- oder Leasingofferte und vergleichen Sie die Gesamtbelastung und den ausgewiesenen Effektivzinssatz.

Und noch einige wichtige Empfehlungen

- Nehmen Sie die noch nicht unterschriebenen Verträge mit nach Hause und studieren Sie diese in Ruhe durch. Notieren Sie offene Fragen.
- Lassen Sie sich alle Möglichkeiten eines vorzeitigen Ausstieges erklären und sich schriftlich bestätigen, wie viel Sie bei einem Ausstieg nach ein, zwei, drei usw. Jahren bezahlen müssten.
- Lassen Sie sich die Gesamtbelastung errechnen und den Preis bei Barzahlung nennen. Vergleichen Sie die beiden Ergebnisse.
- Haben Sie noch einen „alten" Vertrag in der Tasche, für den Sie zu hohe Zinsen zahlen, so können Sie zwar rechtlich dagegen keine Schritte unternehmen, Sie sollten aber zumindest versuchen, mit Ihrem Leasingunternehmen zu verhandeln. Denn im Vorfeld können Sie auf jeden Fall mit konkurrenzierenden Leasingunternehmen bezüglich eines „Umstieges" sprechen.
- Überprüfen Sie die Geschäftsbedingungen: Wenn diese aus der Zeit vor dem 1. Januar 2000 stammen, könnten Neuerungen – etwa die erleichterte Kündbarkeit usw. – nicht enthalten sein. Bestehen Sie auf Änderung.

8. Die Fremdwährungskredite

Diese sind ein in letzter Zeit heiß diskutiertes Thema. „Fremdwährungskredit" heißt: Sie nehmen den Kredit nicht in Ihrer eigenen Landeswährung auf, sondern in einer fremden (z.B. japanische Yen, oder – so Sie nicht selbst Schweizer sind – Schweizer Franken usw.). Interessant für Sie sind nur jene Währungen, bei denen das Zinsniveau deutlich unter jenem des Eurolandes liegt. Der Zinsabstand zwischen der Heimatwährung und der Fremdwährung wird „Spread" genannt. Je größer diese Spanne, desto günstiger ist im Vergleich Ihre Zinsenbelastung in der jeweiligen Fremdwährung. Üblich sind so genannte Roll-over–Varianten: Dabei wird der Zinssatz für bestimmte Zeiträume (meist von einem bis zu zwölf Monaten) für die kommende Periode im Vorhinein festgelegt.

Bei Fremdwährungskrediten wird sehr oft eine „endfällige Variante" bevorzugt: Der Kreditnehmer leistet während der Kreditlaufzeit nur die Zinsenzahlungen und spart die Rückzahlung des Kapitals über einen Tilgungsträger an, der höher verzinst ist als der Fremdwährungskredit. Dafür werden meistens Fondsansparprogramme oder Lebensversicherungen verwendet.

Achtung, Falle!

Nehmen Sie eine Fremdwährungsfinanzierung nur in Anspruch, wenn Sie sich den Kredit auch in Euro leisten könnten. So verlockend zum Zeitpunkt des Abschlusses die Kostenvorteile sein mögen, es können doch einige jener Risiken auf Sie zukommen, die wir hier erwähnen:

- *Das Währungsrisiko:* Steigt der Kurs der für die Finanzierung von Ihnen in Anspruch genommenen Fremdwährung, so erhöht sich im Ausmaß dieser Steigerung auch der aushaftende Kreditbetrag. Wenn Sie also in diesem Augenblick nicht über entsprechende finanzielle Reserven oder zusätzliche Besicherungsmöglichkeiten verfügen, geraten Sie möglicherweise in ein gröberes Problem! Vor allem müssen Sie damit rechnen, dass Ihr ansonsten so zuvorkommender Bankdirektor kurzfristig die Nerven verliert, weil er an seine eigene mögliche bankinterne Beurteilung denkt, daher eilig den Kredit zu einem für Sie völlig ungünstigen Zeitpunkt in Euro konvertiert und somit die Buchverluste zu Ihren echten und schmerzlichen Verlusten werden. Sie können sich theoretisch zwar mit Devisentermingeschäften, Optionen usw. absichern. Praktisch sollten Sie sich diesen Schritt genau überlegen und ihn nur gemeinsam mit einem verlässlichen Finanzexperten tun. Bedenken sollten Sie aber, dass das zusätzlich Geld kostet und einen Teil Ihrer Zinsenersparnisse auffrisst. Außerdem scheitern viele dieser Varianten in der praktischen Abwicklung am limitierten Know-how Ihres Bankberaters, das er nur ungern zugeben wird. Ich empfehle Ihnen, bei den endfälligen Varianten einen Teil des Kreditvolumens durch einen Tilgungsträger in derselben Fremdwährung anzusparen. Dadurch ist die Wirkung einer Kurssicherung zumindest teilweise gegeben.

- *Das Zinsenänderungsrisiko:* Wollen Sie über längere Zeit einen Kredit in einer Fremdwährung in Anspruch nehmen, so müssen Sie damit rechnen, dass sich das Zinsniveau zu Ihren Ungunsten ändern kann. Fremdwährungskredite sind meistens langfristig konzipiert und mit variablen Zinsvereinbarungen ausgestattet. Das bedeutet für Sie als Fremdwährungskreditnehmer, dass es für die kommende Periode, zu jedem Roll-over-Termin, eine Anpassung der Zinssätze auf das aktuelle Marktzinsniveau geben wird.

Achtung, Falle!

Die Schwankungen bei diesen kurzfristigen Geldmarktzinsen sind sehr hoch. Als Indikator für die Zinssatzfestsetzung findet der LIBOR (= London Interbank Offert Rate) Verwendung. Das ist jene Kondition, zu dem Ihre Bank die Fremdwährung einkauft und diese mit einem Aufschlag an Sie als Kreditkunde weitergibt.

Ihr Vorteil: Die Kondition ist für Sie als Kreditnehmer sehr leicht überprüfbar, da diese Indikatoren in den meisten Wirtschaftsmedien veröffentlicht werden. Sie orientieren sich zum Beispiel bei einem Yen-Kredit mit einer Roll-over-Vereinbarung von drei Monaten am jeweiligen Verrechnungsstichtag an diesem veröffentlichten Zinssatz (JPY-3 Monats-LIBOR) und addieren den im Kreditvertrag vereinbarten Aufschlag. Dies ist der korrekte Zinssatz und kann von Ihnen auf seine Richtigkeit überprüft werden. Von fallenden Zinsen profitiert natürlich der Kreditnehmer, also Sie. Steigende Zinsen führen für Sie zu höheren Belastungen; verbunden mit dem Währungsrisiko, kann der zum Zeitpunkt des Abschlusses gegebene Vorteil sehr schnell zu Ihrem Nachteil umschlagen.

- *Das Vertragsrisiko:* Ein ganz entscheidender Faktor über den künftigen Erfolg Ihres Engagements in Fremdwährung ist die Gestaltung Ihres Kreditvertrages. Nicht nur die Währungsrisiken und die Zinsänderungsrisiken entscheiden über Erfolg oder Nichterfolg dieser Finanzierungsform, sondern die Klauseln Ihres Kreditvertrages stellen ein ebenso großes Risiko für Sie dar. In den folgenden Kapiteln finden Sie Tipps zur Vermeidung der gerade bei Fremdwährungsfinanzierungen von den Banken gerne und großzügig an die Kunden – also an Sie – in Rechnung gestellten Spesen. Ich empfehle meinen Klienten, zumindest die Hälfte der Zinsersparnis, die durch die Fremdwährung gegeben ist, anzusparen, um für negative Entwicklungen eine Liquiditätsreserve zu schaffen. Es eignen sich Wertpapierfonds mit geringer Schwankungsintensität, das heißt: mit einer stärkeren Gewichtung (50 bis 60 %) von festverzinslichen Wertpapieren.

Sollten Sie das Glück haben, nicht auf diesen Sicherheitspolster zurückgreifen zu müssen, so steht Ihnen nach Ablauf des Kredites zusätzliches Kapital zur Verfügung.

Kritik an Verträgen für Fremdwährungskredite

Die Konditionengestaltung

Der Aufschlag auf den Basiszinssatz (meist LIBOR) für die laufende Zinssatzfestlegung zu den Roll-over-Terminen sollte sich in einer Bandbreite von 0,75 % bis maximal 1,5 % bewegen.

Die Devisenkommission

Die Höhe der verrechneten Devisenkommission – das sind Kosten für die zur Verfügungstellung von Fremdwährung reicht von 0 bis zu 0,375 %. Es zahlt sich – über eine längere Laufzeit betrachtet – durchaus aus, diesen Satz durch konsequente Verhandlungen zu reduzieren oder überhaupt zu streichen.

Der Umrechnungskurs

Die Differenz zwischen An- und Verkaufskurs ist „verhandelbar". Es gibt den so genannten „gespannten Kurs" oder den „doppelt gespannten Kurs", das heißt, die Abweichung vom Mittelkurs wird im ersten Fall halbiert, im zweiten Fall auf ein Viertel reduziert.

Zum besseren Verständnis: Der erste Schritt zu einer Fremdwährungsfinanzierung ist ein Verkaufsvorgang, da der aufgenommene Kredit meist in der heimischen Währung gebraucht wird. Dabei wird der für den Kreditnehmer ungünstigere niedrigere Kurs für die Abrechnung herangezogen. Bei der Rückzahlung des Kredites (Zinsen + Kapital) wird der höhere Kurs zulasten des Fremdwährungskreditnehmers angerechnet.

Achtung, Falle!

Achten Sie darauf, diese Spanne in der eingangs beschriebenen Form zu reduzieren. Es ist alles möglich, vom Mittelkurs, gespannten Kurs, doppelt gespannten Kurs usw. Prüfen Sie bei Vertragsunterfertigung, ob diese Punkte im Sinne der Vereinbarung festgehalten wurde.

Die Rundungen

Unterschätzen Sie diesen Punkt nicht! Es ist ein interessantes Phänomen, dass kaum kaufmännisch gerundet wird, sondern aus den meisten Verträgen hervorgeht, dass zugunsten der Bank aufgerundet wird (auf das nächste Achtelprozent oder noch schlimmer Viertelprozent usw.). Dies erscheint anfangs nur marginale Auswirkungen zu haben, bringt aber über einen längeren Zeitraum doch beachtliche Kostennachteile für den Kunden mit sich.
Beispiel: Sie finanzieren Ihren Hausbau mit einem Fremdwährungskredit im Gegenwert von € 20.000/ATS 275.206,– und einer Laufzeit von 20 Jahren. Die Aufrundung auf das nächste volle Achtel bringt der Bank bereits zusätzliche Erträge bis zu € 10.000/ ATS 137.603,–.

Umstieg oder Switch

Den Umstieg in andere Währungen lassen sich die Banken fürstlich entlohnen. Zu den vereinbarten Roll-over-Terminen ist eine geringe einmalige Bearbeitungsgebühr gerechtfertigt. Die Erfahrungswerte liegen bei guten Banken zwischen € 36,34/ATS 500,– bis zu € 181,68/ATS 2.500,–. In den Verträgen sind jedoch dafür sehr oft eine Mindestgebühr und ein Prozentsatz von bis zu 0,5 % des aushaftenden Saldos verankert. Wechseln Sie die Währung während der Roll-over Periode auf Grund einer für Sie besonders günstigen Kursveränderung, so ist natürlich die Zinsdifferenz für die nicht eingehaltene Zeitspanne zu bezahlen. Dabei handelt es sich meistens um keine sehr großen Beträge, und diese sind natürlich abhängig von der nicht eingehaltenen Zeit bis zum nächsten Roll-over-Termin.

All diese feindlichen Vertragsklauseln hemmen die Flexibilität des Kreditnehmers und schränken die Attraktivität von Fremdwährungsfinanzierungen stark ein.

Tilgungsträger
Die Auswahl der Tilgungsträger ist nicht auf die hauseigenen Produkte der finanzierenden Bank einzuschränken, der Kreditkunde muss die vielfältigen Möglichkeiten des freien Marktes wahrnehmen können.

Schwankungsbreite bei Devisenkursveränderungen
Besonders zu beachten sind Vertragsbestandteile, die der Bank das Recht einräumen, bei steigenden Fremdwährungskursen Nachbesicherungen zu verlangen oder den Kredit in Euro zu konvertieren. Damit werden die bis zu diesem Zeitpunkt nur in den Büchern existierenden Verluste zu echten Kapitalverlusten.
Ich musste bei der Beratung neuer Klienten leider oft feststellen, dass diese Klausel mit nur 5 % in ihren Verträgen verankert wurde. Noch dazu bei Währungen mit großer Schwankung, wie zum Beispiel beim japanischen Yen. Deshalb achten Sie bitte darauf, diesen Prozentsatz möglichst hoch anzusetzen. Bestehen Sie auch darauf, dass auf alle Fälle vor einer beabsichtigten Konvertierung in Euro unbedingt mit Ihnen Rücksprache gehalten werden muss!!

Mein Tipp:

Bevor Sie sich für eine dieser Finanzierungsvarianten entscheiden, prüfen Sie Ihr Risikoprofil. Seien Sie ehrlich zu sich selbst. Neigen Sie eher dazu, auf Veränderungen negativ oder ängstlich zu reagieren, so rate ich Ihnen dringend ab, sich in einer Fremdwährung zu engagieren. Panikreaktionen von Kreditnehmern und noch viel mehr von sensiblen Bankern können Sie sehr viel Geld kosten.
Können Sie sich jedoch mit diesen durchaus interessanten und alternativen Finanzierungsvarianten anfreunden, natürlich mit den bereits beschriebenen Risiken, so stellt die Fremdwährung eine Erfolg versprechende Form der Finanzierung dar.

9. Die Kontoüberziehung

Vorsicht bei Kontoüberziehungen: Zu den ohnehin schon sehr hohen Sollzinssätzen werden Ihnen darüber hinaus noch Überziehungszinsen in die Abschlüsse mit eingerechnet. Nehmen Sie für Ihren Finanzierungsbedarf eine Kontoüberziehung in Anspruch, so haben Sie die absolut teuerste Variante gewählt.

10. Nicht beurkundete Kredite

Haben Sie es geschafft, Ihren Bankdirektor von Ihrer hohen Bonität zu überzeugen, so ist es bei kürzeren Kreditlaufzeiten und wegen Ihres besonderen Verhandlungsgeschicks auch möglich, Kredite ohne unterfertigten Kreditvertrag mit der finanzierenden Bank zu vereinbaren. Dies spart Ihnen einiges an Kosten, vor allem die Kreditsteuer von 0,8 % bis 1,5 % des beanspruchten Kreditrahmens.

Beispiel: Angenommen, Sie brauchen kurzfristig eine Finanzierung in der Höhe von € 50.000,–/ATS 688.015,–. Mit einem nicht beurkundeten Kreditrahmen sparen Sie € 400,–/ ATS 5.504,12. Diese Form empfiehlt sich für Vorfinanzierungen, wenn der endgültige Kreditbedarf noch nicht genau definiert werden kann. Auch Kontoüberziehungen werden üblicherweise nicht beurkundet.

Achtung, Falle!

Die Vorteile Ihres gebührenfreien Kredites gehen sehr oft dadurch verloren, dass Ihre freundliche Hausbank Ihnen dafür höhere Zinssätze verrechnet. Bei längeren Laufzeiten kann dies für Sie schmerzlich sein und zu erheblichen finanziellen Nachteilen führen.

11. Die Kontokorrentkredite (Betriebsmittelkredite)

Damit finanziert man Betriebsmittel wie Lagerbestände, Kundenforderungen, Produktionskosten usw. Dieser Kredit deckt hauptsächlich kurzfristigen Finanzierungsbedarf ab, auch im privaten Haushalt. Für langfristige Investitionen ist diese Form der Finanzierung wenig geeignet.

Kontokorrentkredite sind im Vergleich zu Abstattungskrediten teuer, Zusätzlich zu den Zinsen werden Ihnen meist diverse

Nebenkosten hinzugerechnet, etwa Kreditprovisionen vom Kreditrahmen oder vom aushaftenden Saldo usw.
Durch die vielen speziell hier anfallenden Kontobewegungen ist es für Sie sehr schwierig, die Vorgänge systematisch zu kontrollieren. Achten Sie jedenfalls genau darauf, ob die vereinbarten Konditionen auch tatsächlich eingehalten werden. Bei meinen Klienten entdeckte ich wiederholt Abweichungen – stets zulasten der Kreditnehmer. Wenden Sie sich daher von Zeit zu Zeit an einen unabhängigen Money-Coach und verlangen Sie einfach zur leichteren Nachvollziehbarkeit Zinsstaffeln von Ihrem Konto. Die Bank muss Ihnen diese Zinsstaffeln auf Verlangen ausfolgen.
Bei Kreditnehmern mit guter Bonität verzichten Banken bei der Finanzierung von kurzfristigen Betriebsmitteln häufig auf Kontokorrentkreditverträge. Das erspart Ihnen die Kreditsteuer. Der erforderliche Kreditrahmen wird in Form einer nicht beurkundeten Zusage zur Verfügung gestellt. Die Kostenvorteile der nicht bezahlten Kreditsteuer dürfen jedoch nicht durch überhöhte Zinsen aufgebraucht werden oder sogar längerfristig zu einem Nachteil führen.

12. Der Zessionskredit

Bei diesem kurzfristigen Kredit werden die Rechte aus Forderungen an die Bank abgetreten. Diese stellt dafür Liquidität zur Verfügung.

13. Factoring

ist der Verkauf von Kundenforderungen an eine so genannte Factoring-Bank mit dem Ziel, sich dadurch rasche Liquidität zu verschaffen. Die Factorbank übernimmt dabei weitgehend die Kundenbuchhaltung, der Unternehmer muss sich nicht mit zeitaufwendigen Eintreibungsmaßnahmen belasten.

Was Sie bei Abschluss eines Kreditvertrags beachten sollten

Die Pönalvereinbarung

Eine sehr bedenkliche Praxis einiger Kreditinstitute ist es, in Kreditverträge „Pönalklauseln" aufzunehmen. Falls Sie mit der Betreuung und den Konditionen Ihrer finanzierenden Bank nicht mehr zufrieden sind und zu einem anderen Institut wechseln wollen, so müssen Sie sich zuerst mit hohen Pönalzahlungen freikaufen. Auch vorzeitige Kreditrückzahlungen können durch solche Hindernisse sehr teuer werden. Konsumenten sind vor derartigen Klauseln durch das Konsumentenschutzgesetz geschützt, sollten also solche einseitigen Fußangeln in Ihrem Vertrag verankert sein, sind diese als ungültig zu betrachten.

Bei Unterschriftsleistung werden die Pönalklauseln in den wenigsten Fällen erwähnt. Deshalb Vorsicht, ehe Sie einen Kreditvertrag unterfertigen: Lesen Sie vorher den Vertrag genau durch und streichen Sie derartige Pönalvereinbarungen. Banken sollten Ihre Kunden durch Leistung und Service halten und überzeugen, nicht durch vertragliche Knebelungen!

Mein Tipp:

Lassen Sie sich den fertigen Vertrag vor der Unterschrift ausfolgen und lesen Sie sich zuhause oder in Ihrem Büro jede Zeile in aller Ruhe durch. Notieren Sie die offenen Fragen. Die Formulierungen in vielen Verträgen sind verwirrend. Steckt dahinter „System"? Scheuen Sie sich nicht, Korrekturen zu verlangen und einzelne Passagen, wie z. B. Pönalklauseln, überhaupt herauszustreichen.

Zwei konkrete Finanzierungsmodelle

Fallbeispiel: Autokauf via Leasing

Die geübte Praxis: Der potenzielle Käufer wählt das erwünschte Fahrzeug aus. Nach Klärung der inhaltlichen Kriterien stellt sich die Frage nach der Höhe der tatsächlich entstehenden Kosten und der realistischen Finanzierungsmöglichkeiten.

Immer wieder habe ich erlebt, dass beim Autokauf die Vernunft stark zurückgedrängt wird: Das ausgewählte Fahrzeug ist oft um eine Nummer zu groß und zu teuer. Erstaunt habe ich zur Kenntnis nehmen müssen, dass finanziell gut situierte Käufer eher zu günstigeren Modellen greifen, während jene mit wenigen bis gar keinen Ersparnissen bei der Auswahl großzügig agieren.

Sind Sie in der glücklichen Lage, Ihr künftiges Auto bar zu bezahlen? Dann sind Sie zu beglückwünschen, denn Sie können sich ausschließlich auf ein Gespräch über einen Preisnachlass mit dem Autohändler konzentrieren. Finanzieren Sie den Kauf jedoch über Kredit oder Leasing, so ist es ein absolutes „Muss", vor der Kaufentscheidung zu überprüfen, ob Sie sich die monatliche Rückzahlung leisten können. Eine Kredit- oder Leasingrate darf den ermittelten noch belastbaren Betrag auf keinen Fall überschreiten. Die Autohändler bieten Ihnen Full-Service – vom Fahrzeug bis zur Finanzierung und Versicherung einfach alles. Das ist aber der Knackpunkt. Denn in vielen Fällen ist genau diese Kredit- oder Leasingvermittlung eine sehr teure Variante. Sie müssen wissen, dass der Kfz-Verkäufer von der Versicherung eine sehr großzügige Vermittlungsprovision erhält, die Sie als Käufer und Kreditnehmer mitfinanzieren.

Erwarten Sie in den nächsten Monaten außerordentliche Eingänge und müssen bis dahin für den Autokauf eine Zwischenfinanzierung beanspruchen, so kann es im Einzelfall sinnvoll sein, die Überbrückung in Absprache mit der Bank in Form einer Kontoüberziehung zu begleichen. Voraussetzung ist jedoch, dass die Bank dafür keine Überziehungszinsen verrechnet.

Bei längerfristigem Fremdkapitalbedarf empfehle ich, einen Kredit- oder Leasingvertrag mit gleich bleibenden monatlichen Belastungen abzuschließen.

Fallbeispiel: Finanzierung von Wohnraumschaffung

Sie beabsichtigen, ein Eigenheim zu erwerben, und Sie haben bereits ein passendes Objekt gefunden.

Für den Ankauf brauchen Sie einen Kredit in Höhe von € 181.682,09/ ATS 2.500.000,–. Mit Ihren Ersparnissen können Sie Eigenmittel in Höhe von 30 % oder € 54.504,63/ATS 750.000,– einbringen, ebenso die Nebenkosten in Höhe von € 21.801,85/ ATS 300.00,–. Eine genaue Analyse Ihres Familieneinkommens hinsichtlich der finanziellen Belastbarkeit ergibt, dass Ihnen für die Finanzierung Ihres Eigenheimes eine Summe von monatlich € 1.453,46/ ATS 20.000,– zur Rückzahlung von Krediten zur Verfügung steht. Damit Sie sich längerfristig nicht zu stark finanziell einschränken müssen, rate ich Ihnen, maximal 30 % Ihres Nettofamilieneinkommens für die Wohnraumbeschaffung einzukalkulieren. Allfällige Förderungen wurden bei diesem Beispiel nicht eingerechnet, sind jedoch individuell zu berücksichtigen.

Drei Varianten zur Finanzierung Ihres Fremdkapitalbedarfs

Variante 1

Sie finanzieren den erforderlichen Fremdkapitalbedarf zur Gänze über die Bausparkasse oder über ein langfristiges Hypothekardarlehen.

Durch den nach oben hin abgesicherten Zinssatz bei Bausparkassen von maximal 6 % gehört diese Finanzierungsvariante zu den herkömmlichen und nervenschonenden Modellen.

Finanzierung über Bausparkasse

Kreditvolumen € 181.682,09	2.500.000
Verzinsung	6 %
Laufzeit – Jahre	20
Annuität p.m. € 1.301,57	**17.910**

Bei Bausparfinanzierung ergibt sich in diesem Modell über die gesamte Laufzeit hinweg für Sie eine monatliche Belastung in der Höhe von € 1.301,57/ATS 17.910,–. Diese Belastung bleibt die gesamte Laufzeit unverändert und enthält die Zinsen ebenso wie die Kapitaltilgungserfordernisse. Unter Berücksichtigung Ihrer monatlichen Belastbarkeit können Sie sich diese Finanzierung problemlos leisten.

Variante 2

Bei diesem Modell nehmen Sie ein Bauspardarlehen von € 90.841,04/ATS 1.250.000,– auf, und für den selben Betrag einen endfälligen Yen-Kredit. Dabei haben Sie – auf Grund des anteiligen Fremdwährungskredites – mit höheren Risiken zu rechnen, haben jedoch auch eine realistische Chance, langfristig besser als mit einer reinen Bausparfinanzierung abzuschneiden. Beim Yen-Kredit entscheiden Sie sich für die endfällige Variante, d. h Sie bezahlen die gesamte Laufzeit hindurch nur die Zinsen. Die Rückzahlung des Fremdwährungskredites in Höhe von € 90.841,04/ATS 1.250.000,– erfolgt am Ende der Laufzeit. Um diese Summe auch tatsächlich zur Verfügung zu haben, eröffnen Sie ein Wertpapierdepot und dotieren dieses monatlich mit Investmentfondsanteilen.

Finanzierung mit Bauspardarlehen und Yen-Kredit mit Tilgungsträger

Kreditvolumen Bausparkasse € 90.841,04	1.250,000
Verzinsung	6 %
Laufzeit – Jahre	20
Annuität p.m. € 650,79	**8.955**
Kreditvolumen YEN-Kredit € 90.841,04	1.250,000
Verzinsung	1,75 %
Laufzeit – Jahre	20
mittels Ansparvertrag anzusparender Endbetrag € 90.841,04	1.250,000
angenommene jährliche Nettowertsteigerung des Aktienfonds	6 %
Laufzeit – Jahre	20
Zinsen YEN-Kredit p.m. € 132,41	**1.822**
Ansparrate Aktienfonds p.m. € 196,58	**2.705**
gesamtbelastung Variante 2 p.m. € 979,78	**13.482**
Gesamtbelastung Bausparfinanzierung p.m. (Variante1) € 1.301,57	**17.910**
monatliche Ersparnis gegenüber der Bausparfinanzierung € 321,80	**4.428**

Dieser Finanzierungsmix aus „konservativ" und „spekulativ" ergibt für Sie eine monatliche Ersparnis von € 321,80. Damit Sie auf allfällige Währungs- oder Zinsveränderungen, die Sie negativ belasten könnten, vorbereitet sind, empfehle ich Ihnen, diesen Differenzbetrag ebenfalls anzusparen. Dafür eignet sich ein gemischter Fonds mit einem höheren Rentenanteil und somit geringerer Schwankungsintensität.

Sparplan für den Differenzbetrag von monatlich € 321,80/ATS 4428,–

Jahre	6 %	8 %	10 %
10 Jahre	52.737 €	58.871 €	65.918 €
15 Jahre	93.584 €	111.353 €	133.375 €
20 Jahre	148.683 €	189.544 €	244.361 €
25 Jahre	223.002 €	306.036 €	426.969 €

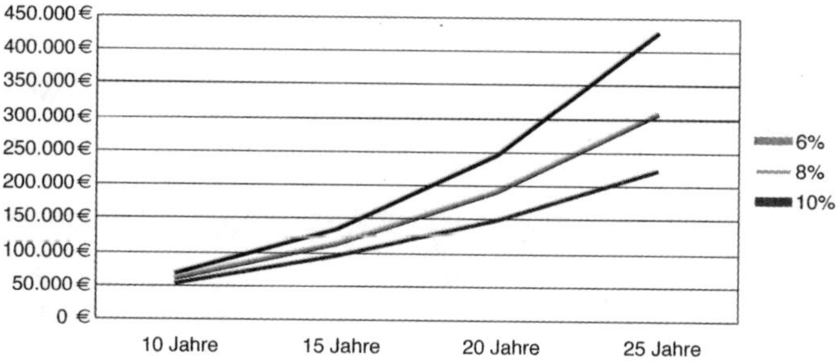

Müssen Sie nicht auf diese Reserven zurückgreifen, so können Sie dieser Berechnung entnehmen, mit welchem Auszahlungsbetrag Sie zum Laufzeitende rechnen können. Noch idealer, mit dieser Summe verbessern Sie Ihr privates Vorsorgeprogramm.

Variante 3

Die progressivste, jedoch auch spekulativste Variante, die Sie wählen können, ist: den Kreditbedarf in Höhe von € 181.682,09/ ATS 2.500.000,– zur Gänze mit einem endfälligen Yen-Kredit zu finanzieren. Dieses Modell bietet Ihnen ein hohes Chancenpotenzial, birgt jedoch auch wesentlich höhere Risiken etwa in Form eines nachhaltig gestiegenen Währungsniveaus, höherer Zinsen, oder es liegt die Performance des Tilgungsträgers (Ansparprogramm) unter den ursprünglichen Annahmen, und Sie können den Kredit zum Laufzeitende nicht zur Gänze zurückbezahlen.

Finanzierung über Yen-Kredit (mit Tilgungsträger)

Kreditvolumen YEN-Kredit € 181.682,09	2.500,000
Verzinsung	1,75 %
Laufzeit – Jahre	20
mittels Ansparvertrag anzusparender Endbetrag € 181.682,09	2.500,000
angenommene jährliche Nettowertsteigerung des Aktienfonds	6 %
Laufzeit – Jahre	20

Zinsen YEN-Kredit p.m. € 264,97	**3.646**
Ansparrate Aktienfonds p.m. € 393,16	**5.410**

gesamtbelastung Variante 3 p.m. € 658,13	**9.056**
Gesamtbelastung Variante 1 p.m. € 1.301,57	**17.910**

monatliche Ersparnis gegenüber der Bausparfinanzierung €	**643,458.854**

Sie sparen im Monat unglaubliche € 643,45/ATS 8.854,–. Um die genannten Risiken abzufedern, empfehle ich, den monatlich ersparten Betrag in einen gemischten Fonds aus Aktien und einem höheren Rentenanteil und somit geringerer Schwankungsintensität zu veranlagen.

Sparplan für den Differenzbetrag von monatlich € 643,45/ATS 8.854,–

Jahre	6 %	8 %	10 %
10 Jahre	105.447 €	117.716 €	131.807 €
15 Jahre	187.126 €	222.657 €	266.689 €
20 Jahre	297.298 €	379.002 €	488.612 €
25 Jahre	445.904 €	611.933 €	853.745 €

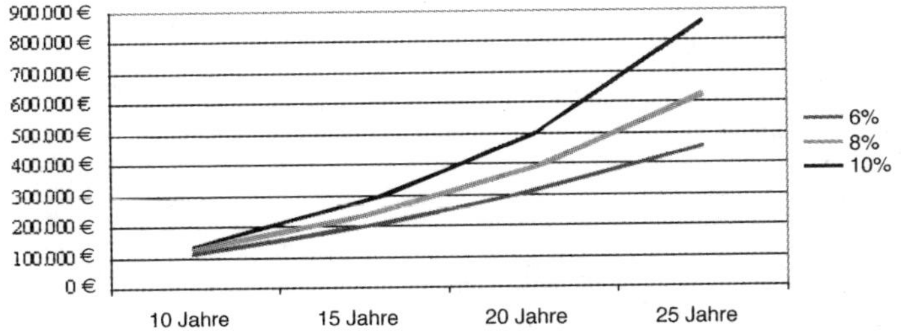

Müssen Sie auch in diesem Fall nicht auf diese Reserven zurückgreifen, so können Sie dieser Berechnung entnehmen, dass diese Ergebnisse den künftigen „Kaviar“ bei Ihrem Vorsorgeprogramm darstellen.

Die Bank verlangt von Ihnen Sicherheiten ...

Die von Banken verwalteten Gelder wie Spar- Giro- und sonstige Einlagen werden zu einem großen Teil an Kunden in Form von Krediten weitergegeben. Die Differenz zwischen den Kreditzinsen und den an die Sparer bezahlten Habenzinsen nennt man Zinsspanne. Diese stellt in den Bilanzen der meisten Universalbanken die Hauptertragsposition dar. Die Banken sind vom Gesetz her verpflichtet, mit den ihnen anvertrauten Geldern sorgsam umzugehen und zur Vermeidung von Kreditausfällen Sicherheiten zu vereinbaren. Sie müssen davon ausgehen, dass die Bank stets versuchen wird, ein Optimum an Sicherheiten zu vereinbaren.
Vorsicht: Niemand ist davor gefeit, unschuldig in wirtschaftliche Nöte zu geraten. Tritt diese Situation ein und es ist Ihnen nicht mehr möglich, Kredite vereinbarungsgemäß zurückzuzahlen, so werden von den Banken die Sicherheiten (Haus, Wohnung usw.) verwertet. Dies kann Sie in den persönlichen und familiären Abgrund führen, sofern es Ihnen nicht gelingt, mit Ihrer Bank eine Vereinbarung zu treffen. Ein Kreditausfall ist zwar für die Banken nicht sehr angenehm, aber im Gegensatz zu den Kreditnehmern ist dies im Normalfall nicht mit existenzieller Bedrohung der Bank verbunden. Die Kreditkunden bezahlen für etwaige Kreditausfälle bereits einen Risikozuschlag, der in den verrechneten Kreditzinsen enthalten ist. Bedenken Sie, dass die Banken sämtliche vom Gesetzgeber eingeräumten Möglichkeiten nutzen, steuerschonende Vorsorgemaßnahmen für allfällige Kreditausfälle zu bilden. Deshalb ist es nur legitim, Ihrerseits zu versuchen, die Besicherungen auf ein vertretbares Ausmaß zu reduzieren. Die am häufigsten verwendeten Sicherheiten sind:

- Die Bürgschaft
- Die Verpfändung von Rechten
- Die Hypothek
- Der Eigentumsvorbehalt
- Die Abtretung von Forderungen/Zession
- Die gemeinsame Haftung

1. Die Bürgschaft

Eine dritte Person übernimmt die finanzielle Haftung für einen Schuldner. Sollte dieser Schuldner seine Verpflichtungen nicht mehr erfüllen können, hält sich die Bank an diesem Bürgen schadlos. Dieser Bürge haftet mit seinem gesamten Vermögen. Der Bürgschaftsvertrag ist nur dann gültig, wenn der Bürge die Verpflichtungserklärung schriftlich abgibt.

Die häufigste Form der Bürgschaft ist die Bürge- und Zahlerhaftung. Verpflichten Sie sich als Bürge und Zahler, so haften Sie als ungeteilter Mitschuldner für die gesamte Schuld. Es hängt von der Willkür des Gläubigers ab, ob er zuerst den Hauptschuldner, den Bürgen oder beide zugleich belangen wird.

Achtung, Falle!

Gefälligkeitsbürgschaften, mit dem Hinweis: „es ist ohnehin nur eine Formsache“, können sehr schnell bitter ernst werden. Die Banken sind verpflichtet, Sie über die wirtschaftlichen Verhältnisse des Schuldners aufzuklären. Sie kommen dieser Verpflichtung in sehr unterschiedlicher Form nach. Sie lassen sich die Aufklärung, ob gut oder schlecht, schriftlich bestätigen, um für den Fall gerichtlicher Auseinandersetzungen Ihre eigene rechtliche Position zu stärken. Bevor Sie eine Unterschrift als Bürge leisten, führen Sie sich vor Augen, ob Sie bei Inanspruchnahme aus dieser Haftung in Ihrer wirtschaftlichen Existenz gefährdet sein könnten. Gehen Sie grundsätzlich davon aus, dass diese Bürgschaft schlagend werden könnte, und fragen Sie sich sehr kritisch, ob es Ihnen der Hauptschuldner überhaupt wert ist, diese Zahlungen für Ihn zu übernehmen.

In meiner langjährigen Erfahrung als Bankdirektor musste ich sehr oft miterleben, welche menschlichen Tragödien sich hinter ursprünglichen Gefälligkeitsbürgschaften verbergen.

Die Bürge- und Zahlerhaftung

Die Übernahme einer Bürge- und Zahlerhaftung, die härteste Form der Bürgschaft, ist nicht verpflichtend! Es gibt auch die Möglichkeit von so genannten Ausfallsbürgschaften. Diese haben den Vorteil, dass die Bank, bevor Sie auf Ihre Bürgschaft zugreifen kann, versuchen muss, die Schulden vom Hauptschuldner einzutreiben. Erst wenn diese Versuche nachweislich zu keinem Erfolg führten, darf der Bürge in Anspruch genommen werden. Sie können die Haftung auch durch eine Teilbürgschaft oder Haftung auf eine bestimmte Zeit beschränken.

Doch Achtung: Teilzahlungen eines Hauptschuldners sind zunächst auf den nicht verbürgten Teil anzurechnen. Bei Inanspruchnahme aus einer Bürgschaft lassen Sie sich unbedingt juristisch beraten, ob sich Möglichkeiten eines Einspruches ergeben. Diese sind sehr vielfältig und oft erfolgreich. Entweder können Sie nachweisen, dass die Bank der Aufklärungspflicht nicht oder nicht ausreichend nachgekommen ist. Oder Sie plädieren bei Angehörigen auf Sittenwidrigkeit, wenn die Bürgschaft durch moralischen Zwang sowie dadurch verdünnte Entscheidungsfreiheit erfolgt ist. Sehr oft steht die Bürgschaft auch in krassem Missverhältnis zur wirtschaftlichen Leistungsfähigkeit der Bürgen.

Es ist üblich, dass Banken bei spürbarem Widerstand der Bürgen mit schuldbefreienden Abschlagszahlungen einverstanden sind oder zur Gänze auf die Geltendmachung der Bürgschaft verzichten, wenn die Situation aussichtslos ist.

Mein Tipp:

Lassen Sie sich nicht einschüchtern und suchen Sie kompetenten juristischen Rat.

Bürgschaft bei Kapitalgesellschaften

Es besteht absolut keine Verpflichtung, dass bei Kreditaufnahmen von Gesellschaften mit beschränkter Haftung die Geschäftsführer und/oder Gesellschafter eine persönliche Haftung übernehmen.

Achtung Konkurs

Wird ein Schuldner von seinen Restschulden im Rahmen eines Konkursverfahrens befreit, muss der Bürge trotzdem weiter haften. Die Gläubiger können vom Bürgen weiterhin die Bezahlung der restlichen Schulden verlangen. Im Falle von Insolvenz darf der Bürge sich jedoch nicht am Hauptschuldner schadlos halten. Der Bürge muss daher bezahlen, ohne sofort oder auch später auf den Hauptschuldner zurückgreifen zu können!

Mein Tipp:

Sollte die Bank Ihres Vertrauens auf Grund von Bonitätsschwächen auf diverse Bürgschaften bestehen, so vereinbaren Sie bereits zum Zeitpunkt der Unterschrift schriftlich ein Ausstiegsszenario. Die Bank erklärt sich zum Beispiel bereit, künftig auf diese Bürgschaft(en) zu verzichten, sollte es dem Unternehmen gelingen, bestimmte vorher genau definierte Bilanzkennzahlen zu erreichen. Fordern Sie bei Eintreten dieses Szenarios die Bank sofort auf, schriftlich zu bestätigen, dass die Bürgschaft hinfällig ist.

Regress

Sind Sie als Bürge zu einer Zahlung herangezogen worden, so können Sie beim Hauptschuldner versuchen, die Beträge zurückzubekommen.

Garantie

Die Garantie ist ein abstraktes Schuldversprechen, das sich nicht auf eine bestimmte Schuld bezieht. Das heißt, bei Anforderung der Garantie sind keine Einwendungen aus dem Grundgeschäft möglich.

Mein Tipp:

Liegt bei Inanspruchnahme der Verdacht einer vorsätzlich missbräuchlichen Verwendung vor, so kann die Bank durch eine sofort vom zuständigen Gericht zu erwirkende „einstweilige Verfügung“ bis zur Prüfung des tatsächlichen Sachverhaltes von der Auszahlungsverpflichtung befreit werden.

2. Die Verpfändung von Rechten

Zu den Rechten, die zu Gunsten einer Bank verpfändet werden können, gehören Wertpapiere oder Rechte aus Lebensversicherungen.

Achtung, Falle!

Im Falle der Verpfändung von Wertpapierdepots kann der Inhaber über seine Wertpapiere nicht mehr frei ohne Rücksprache mit der Bank verfügen.

3. Die Hypothek

Eine Hypothek ist ein im Grundbuch eingetragenes Pfandrecht an einem Grundstück oder Gebäude. Sie dient zur Besicherung eines Kredites oder Darlehens. Der Schuldner ist meistens auch gleichzeitig der Grundstückseigentümer. Wird der Kredit nicht bezahlt, hat der Kreditgeber das Recht, die hypothekarisch belastete Liegenschaft zwangsweise vom Gericht versteigern zu lassen.

Die Höchstbetragshypothek

Eine Höchstbetragshypothek bedeutet, dass im Lastenblatt der zu besichernden Liegenschaft ein Betrag eingetragen wird, in dem auch Zinsen und eventuell anfallende Nebengebühren Deckung finden müssen. Die Banken schlagen üblicherweise 30 bis 40 % auf den tatsächlichen Kreditbetrag auf.

Im Rahmen dieses im Grundbuch eingetragenen Höchstbetragspfandrechtes können auch künftige Kredite sichergestellt werden.

Die Darlehenshypothek

Unter Darlehenshypothek ist zu verstehen, dass im Grundbuch ein Pfandrecht für einen Darlehensbetrag samt Zinsen, Verzugszinsen, Zinseszinsen und einer Nebengebührensicherstellung eingetragen wird. Dieses Pfandrecht kann für künftige Kreditaufnahmen nicht herangezogen werden.

Genießen Sie bei Ihrer Bank hohe Reputation und ist Ihr wirtschaftliches Umfeld in Ordnung, so kann die Bank auf die Eintragung dieser Pfandrechte im Grundbuch verzichten. Die Bank verwahrt die einverleibungsfähige Pfandurkunde in Ihren Akten und kann diese bei Bedarf bzw. bei Erkennen einer Gefahr in das Grundbuch eintragen lassen. Es ist sozusagen durch die Urkunde der Titel vorhanden, der Modus – die Eintragung – wird jedoch nicht vollzogen. Vor allem bei kurzfristigen Engagements ist aus Kostengründen diese so genannte „stille Hypothek" zu favorisieren. Vereinbaren Sie jedoch auf alle Fälle schriftlich mit Ihrer Bank, dass Sie vor einer allfälligen Eintragung verständigt werden müssen.

Sie können auch Kosten sparen, indem nur Teileintragungen im Grundbuch vorgenommen werden.

Da die Höchstbetragshypothek auch für zukünftige Kredite ohne weitere Kosten wieder zur Besicherung herangezogen werden kann, ist diesem Pfandrecht der Vorzug zu geben.

4. Der Eigentumsvorbehalt

Die Besicherung in Form eines Eigentumsvorbehaltes trifft bei Privatpersonen zumeist auf Kfz–Finanzierungen zu. Das Kraftfahrzeug bleibt so lange im Eigentum der finanzierenden Bank, bis die Kreditforderungen komplett bezahlt worden sind.

Bei Unternehmensfinanzierungen ist die Begründung des Eigentumsvorbehaltes bei der Anschaffung von sämtlichen beweglichen Wirtschaftsgütern möglich.

5. Die Abtretung von Forderungen/Zession

Kurzfristige Kredite werden sehr häufig mit Zessionen besichert. Dabei tritt der Kreditnehmer Forderungen an andere Personen oder Unternehmen ab. Zum Beispiel: Forderungen aus Lieferungen eines Handelsunternehmens oder Ansprüche aus Versicherungen, Bausparguthaben usw.

Wird der Drittschuldner von dieser Abtretung benachrichtigt, so handelt es sich um eine offene Zession. Dabei verständigt die finanzierende Bank den Drittschuldner über die Abtretung und auf der Faktura steht der Hinweis, dass mit schuldbefreiender Wirkung nur auf ein bestimmtes Konto bei der finanzierenden Bank einbezahlt werden darf.

Achtung, Falle!

Zahlt der Drittschuldner nicht auf dieses Konto ein, so kann es ihm passieren, dass er nochmals zur Zahlung herangezogen wird.

Wird der Drittschuldner von der Abtretung der Forderung nicht verständigt, so handelt es sich um eine stille Zession. Der Drittschuldner zahlt mit schuldbefreiender Wirkung an den ursprünglichen Gläubiger (Zedent), dieser ist jedoch verpflichtet, den Geldeingang an die finanzierende Bank (Zessionar) weiterzuleiten. Bei der stillen Zession bringt der Kreditnehmer in seiner Debitorenbuchhaltung den Vermerk über die Abtretung der Forderung an.

Für Sie als Kreditnehmer ist eine stille Zession von Vorteil, da auf Grund der Verständigung bei offenen Zessionen Rückschlüsse auf Ihre Bonität gezogen werden könnten.

6 Die Haftung bei Ehegatten

Nehmen beide Ehegatten gemeinsam einen Kredit auf, so erhalten sie eine spezielle Urkunde, die sie darüber aufklärt, dass beide solidarisch für den Kredit haften. Das bedeutet, dass die Bank von jedem in beliebiger Reihenfolge den gesamten aushaftenden Betrag einfordern kann. Diese Haftung bleibt auch im Falle einer Trennung aufrecht. Im Fall einer Scheidung besteht die Möglichkeit, innerhalb eines Jahres eine Ausfallsbürgschaft zu beantragen. Dies bedeutet, dass das Gericht zuerst einen Hauptschuldner feststellt, bei dem sie den Kredit einfordern muss. Erst wenn bei diesem nachweisbar kein Geld zu holen ist, darf der Ausfallsbürge in Anspruch genommen werden.

Von Bankgeschäften der „Kids“

Nur voll geschäftsfähige Personen dürfen ohne fremde Zustimmung Schulden begründen. Diese Fähigkeit, sich rechtsgeschäftlich zu Leistungen zu verpflichten, ist für gewöhnlich ab Erreichen der Volljährigkeit, also mit Vollendung des 18. Lebensjahres, gegeben.

Jugendliche können aber vor ihrer Volljährigkeit Kredite aufnehmen, und zwar ab dem vollendeten 14. Lebensjahr im Rahmen ihres Einkommens. Allerdings darf dadurch ihr Lebensunterhalt nicht gefährdet werden. Darauf müssen die Banken besonders Rücksicht nehmen.
Kreditverpflichtungen, welche die Existenz und den Lebensunterhalt gefährden und wenn keine Zustimmungen der Erziehungsberechtigten vorliegen, sind in dem Ausmaß ungültig, in dem der eigene Unterhalt durch die Kreditrückzahlung gefährdet wird. Muss der Jugendliche mehr als ein Drittel seines Einkommens für die Raten aufwenden, so ist der Vertrag für den übersteigenden Teil ungültig.

Achtung, Falle!

Auch nach Erreichen der Volljährigkeit bleibt der Vertrag ungültig, sofern er vom Schuldner nicht nachträglich anerkannt wird. Die Bezahlung einer Rate würde jedoch ein Schuldanerkenntnis bedeuten.

Ist der Gläubiger zu keiner außergerichtlichen Lösung bereit, kann der Jugendliche den Vertrag gerichtlich anfechten.
Diese Schutzbestimmungen für Jugendliche dürfen jedoch nicht vorsätzlich ausgenützt werden, da die Strafmündigkeit mit Vollendung des 14. Lebensjahres gegeben ist. Die „unrechtmäßige Bereicherung“ ist ein strafrechtlicher Tatbestand.

Bankkarten im Besitz von Jugendlichen

Bei den Bankkarten hat der Gesetzgeber hart durchgegriffen und den Banken klare Grenzen vorgegeben. Karten für den Bargeldbezug dürfen nur an Personen ab dem 18. Lebensjahr vergeben werden und sind mit einem Wochenlimit von € 363,36/ATS 5.000,– zu begrenzen. Sind regelmäßige Einkünfte nachweisbar vorhanden, so können bereits ab einem Alter von 17 Jahren Karten für den Bezug von Bargeld ausgefolgt werden.

Mein Tipp:

Kredite an Jugendliche sind aus pädagogischen Gründen absolut abzulehnen, da diese sehr oft den Beginn einer unaufhaltsamen Schuldenspirale darstellen. Damit wird der Grundstein für spätere existenzielle Probleme gelegt.

Der sichere Weg ins Finanzdesaster

Nehmen wir als Beispiel einen Lehrling. Er beginnt mit einem kleinen Kredit für den Ankauf einer Stereoanlage oder eines Mopeds. Bevor diese Schulden zurückbezahlt sind, finanziert er sich den Führerschein mit einer Kontoüberziehung. Natürlich muss danach sofort ein Auto angeschafft werden. Ersparnisse gibt es noch keine, deshalb wird für den Ankauf eines Gebrauchtwagens ein weiterer Kredit aufgenommen. Dabei werden der noch aushaftende restliche Mopedkredit, die Kontoüberziehung und der Kreditbedarf für das Auto zusammengefasst. Die Gesamtkreditsumme ist zwar noch nicht sehr hoch, übersteigt aber bereits die zumutbare Belastung. Nun kommt die Einberufung zum Bundesheer, die Kreditraten müssen gestundet werden. Das Auto gibt nach kurzer Zeit den Geist auf und ist schrottreif.

Das ist bereits der Anfang vom Ende. Nach dem Bundesheer verliebt sich dieser Jugendliche, es wird ein gemeinsamer Haushalt eingerichtet. Der Kredit wird weiter aufgestockt. Kein Problem, es stehen doch nunmehr zwei Einkommen zur Verfügung. Für ein neues Auto bietet der nette Autohändler eine sehr kostengünstige Leasingvariante an ...

Nach kurzer Zeit kommt ein Baby. Während der Karenzzeit versiegt ein Großteil des zweiten Einkommens für einen längeren Zeitraum.

Problemlösung: Mit der Bank wird der Kredit neu geregelt, es werden wiederum alle Verbindlichkeiten in einem neuen Kredit zusammengefasst. Um eine niedrige, noch leistbare Rate zu erreichen, wird eine lange Laufzeit vereinbart. Das heißt, mit der Rate werden in den ersten Jahren fast nur die Zinsen bezahlt, die Schulden bleiben bestehen. Erfahrungsgemäß fällt bald eine Reparatur an. Die Ansparung einer Rücklage für Unvorhergesehenes war nicht möglich, eine zusätzliche Rate ist nicht verkraftbar, also werden alle Verbindlichkeiten wiederum zu einem Kredit mit einer noch längeren Laufzeit zusammengefasst. In kurzer Zeit kommt das Aus. Die Schulden können nicht mehr bezahlt werden, der Exekutor steht vor der Tür.

Damit ist die finanzielle Katastrophe für diese Familie besiegelt, sofern nicht Hilfestellung aus dem Familienkreis in Form einer Kapitalspritze erfolgt.

Dass es sich hier um keinen Einzelfall handelt, bestätigt auch ein Beitrag in ORF ON Niederösterreich am 6. März 2001: *„Schuldner werden immer jünger. Hauptgründe für Schulden: Der Wunsch nach einem eigenen Auto, Motorrad oder die hohe Handyrechnung sind die Hauptgründe für Jugendliche, Schulden zu machen. Aber auch der Überziehungsrahmen bei Girokonten birgt die Gefahr der Verschuldung mit sich.*

Laut einer Untersuchung haben bereits 44 % aller Lehrlinge ihr Konto überzogen. Und wer einmal sein Konto überzogen hat, der ist laut der Studie auch eher bereit, einen Kredit aufzunehmen, sagt der Schuldnerberater.“

Zu einem Kredit verpflichten darf sich nur jemand, der auch das ausreichende Einkommen hat. Wenn der Betroffene erkennt, dass er sich übernommen hat, kann er sich theoretisch aus dem Geschäft zurückziehen. Oft werden verschuldete Jugendliche dann aber „strafrechtlich“ belangt und wegen Betruges geklagt. Bei der Schuldnerberatung landen allerdings die wenigsten Jugendlichen, weil meist ihre Eltern die „Sache“ ausbügeln.

Mein Tipp:

Keine oder nur geringfügige Kredite mit kurzen Laufzeiten an Jugendliche. Sollten Banken zu großzügig Kredite vergeben oder zu spät auf Überziehungen reagieren, lassen Sie sich juristisch beraten, ob nicht die Bank zur Verantwortung gezogen werden kann. Beginnen Sie als Jugendlicher Ihre Karriere nicht mit einem Kredit, sondern mit einem Sparplan.

Berechnen Sie ganz genau, wie viel nach Abzug aller Kosten an freiem Einkommen zur Verfügung steht. Davon sparen Sie zumindest 10 % und investieren dieses monatliche Sparkapital in einen Fondssparplan.

Den Rest des monatlichen Einkommens teilen Sie sich in Wochenbeträge ein und beheben diese jeweils zu Beginn der Woche.
Um die Übersicht über Ihre Finanzen zu bewahren, vergessen Sie für den Rest der Woche Ihre Bankomatkarte. Das ist der erste Schritt zu Ihrer späteren finanziellen Freiheit und Unabhängigkeit!

Es ist nicht immer drinnen, was außen draufsteht

Die Zinssatzfalle

- Wird der Zinssatz antizipativ (= im Vorhinein) verrechnet, so wird der Saldo des Kredites zu Beginn der Abrechnungsperiode herangezogen und auch die Zinsen werden im Vorhinein bezahlt. Dies bedeutet, dass die tatsächlich verrechneten Zinsen den im Vertrag angeführten Zinssatz bei weitem übersteigen.
- Zu Verteuerungen führen auch die so genannten „unterjährigen Abschlussrhythmen", das heißt, je kürzer die Abrechnungsperioden sind, umso teurer ist der Kredit.
- Nicht zu vergessen sind Überziehungszinsen und Verzugszinsen, die zum Teil zusätzlich zum Sollzinssatz verrechnet werden und zu unglaublichen Belastungen für den Kreditnehmer führen.

Die Nebenkostenfalle

Bei den Nebenkosten entwickeln auch die fantasielosesten Banker ungeahnte Kreativität. Deshalb ist die Palette der teilweise gut versteckten Nebenkosten, mit denen Sie rechnen müssen, sehr umfassend. Hier die gängigsten:

- Kreditprovisionen vom Kreditsaldo oder/und vom Kreditrahmen, Kreditbereitstellungsgebühren,
- Konto-Umsatzprovisionen,
- Abschlussspesen, Bearbeitungsgebühren fix oder in Prozent von der Kreditsumme,
- Vertragserrichtungskosten,

- Prüfungskosten,
- Vermittlungsgebühren,
- Verwaltungskosten, Versicherungskosten,
- Schätzkosten usw.

Zusätzlich kommen diese Kosten nicht einzeln vor, sondern in Bündeln. Sie erkennen, wie wenig der angeführte Zinssatz über die tatsächlich verrechneten Kosten aussagt.
Damit sich der Kreditnehmer in diesem Wildwuchs von Spesen noch einigermaßen zurechtfinden kann, hat der Gesetzgeber wieder einmal eingegriffen: Er hat die Banken in einer Verbraucherkreditverordnung des Konsumentenschutzgesetzes verpflichtet, bei Verbraucherkrediten den effektiven Jahreszinssatz in den Verträgen anzuführen. Dieser drückt die Kreditkosten im Verhältnis zum Kreditbetrag aus.
Zwingend vorgeschrieben ist auch, die Gesamtbelastung in absoluten Zahlen anzugeben. Dabei müssen mit Ausnahme der öffentlichen Abgaben sämtliche Rückzahlungen, Spesen usw. berücksichtigt werden.

Ein Beispiel über die Auswirkung der Nebenkosten
Für den Ankauf eines Pkw wurde bei einer inländischen Bank im Jahr 1996 ein Kredit zu den folgenden Konditionen aufgenommen:

Kaufpreis	ATS 112.000,–
Bereits geleistete Anzahlung	ATS 22.400,–
Kreditbedarf	ATS 89.600,–
Vereinbarter Sollzinssatz	10,75 %
Laufzeit:	60 Monate
Nebenkosten:	
Verwaltungsgebühr 0,25 % p. m. (hochgerechnet auf ein Jahr 3 %)	
Kreditprovision 1/8 % p.m. (hochgerechnet auf ein Jahr 1,5 %)	
Einmalige Bereitstellungsgebühr (4 %)	ATS 3.679,–
Erhebungsspesen	ATS 1.760,–
Kreditrestschuldversicherung Einmalprämie	ATS 2.375,–
Rechtsgebühr (0,8 % Kreditsteuer)	ATS 736,–

Aus dem Sollzinssatz von 10,75 % wurde ein Effektivzinssatz von 19,46 %!

Mein Tipp:

Holen Sie mehrere Anbote ein. Vergleichen Sie die angeführten Effektivzinssätze und die Gesamtbelastungen. Vorsicht bei Leasing: Meistens wird „kein“ Effektivzinssatz angegeben und dadurch ein Vergleich erschwert.

Zinssatzanpassung bei Krediten

Seit 1. März 1997 gilt eine gesetzliche Zinsgleitklausel für Verbraucherkredite, worin automatische Anpassungen auf Veränderungen von Geld- und Kapitalmarktzinsen ganz genau geregelt sind. Dachte man – die Realität sieht anders aus:
Presseschlagzeilen hier: „Der Justizminister musste eingreifen. Er mahnte die Banken wegen falscher Zinsrechnung“ oder: „32 Milliarden (!) haben die Bankkunden laut Konsumentenschutzministerium zu viel an Zinsen und Gebühren bezahlt!“
Es wird zur Zeit der Drucklegung dieses Buches sogar daran gedacht, im Justizministerium eine Expertenkommission einzusetzen, damit Kreditnehmer schneller und leichter ihre Schadenersatzforderungen geltend machen können. Die Banken verstecken in ihren „Zinsgleitklauseln“ Formulierungen, die bei steigenden oder fallenden Zinsen Nachteile für die Kreditnehmer bringen. Es wird immer zum nächsthöheren Achtel-Prozentpunkt aufgerundet. Den Kunden sind dadurch große finanzielle Nachteile entstanden.

Ein Beispiel von zwei österreichischen Großbanken ...
... zeigt, wie fatal sich diese unfaire Vorgangsweise auf die Kreditkunden ausgewirkt hat.
Kreditaufnahme am 15. März 1997 in Höhe von ATS 1.000.000,–, mit 5,5 % Anfangszinssatz und einer monatlichen Ratenzahlung von ATS 10.000,–.

	Rundung nach Bank	kaufm. Rundung
Bank 1:		
Stand 31. Dezember 2000	ATS 748.092,–	ATS 733.932,–
Betragsdifferenz		ATS 14.160,–
Zinssatz 31. Dezember 2000	7,25 %	6,25 %
Zinsdifferenz durch die Aufrundung		1,00 %

Bank 2:

Stand 31. Dezember 2000	ATS 743.988,–	ATS 735.382,–
Betragsdifferenz		ATS 8.606,–
Zinssatz 31. Dezember 2000	7,375 %	6,75 %
Zinsdifferenz durch Aufrundung		0,625 %

Quelle: Bundesministerium für Justiz

Der Justizminister bringt[9] ein Beispiel, worin bei einer Million Kredit und einer Laufzeit von zehn Jahren, allein durch die *Aufrundungsspirale* bei den Zinsanpassungen ein Schaden von ATS 100.000,– entsteht. (Definition Aufrundungsspirale: Trotz Regelung im Konsumentenschutzgesetz runden die Banken bei Zinssatzänderungen auf den nächsten vollen Achtel-Prozentpunkt auf).

Der gläserne Bankkunde

Die Bank nützt so ziemlich alle Möglichkeiten der Informationsbeschaffung über ihre Kunden, also Sie. Der gläserne Mensch ist bei den Banken bereits seit langem Wirklichkeit.

Die Informationsbeschaffung beginnt zuerst beim Check Ihres Kontos.

Sämtliche Ihrer Transaktionen der Vergangenheit werden genau analysiert. Dies beginnt bei der Regelmäßigkeit und der Höhe von Eingängen. Bei Privatpersonen handelt es sich dabei für gewöhnlich um die Löhne und Gehälter, bei Unternehmungen sind dies die Kontoumsätze im Vergleich zu unterschiedlichen Vorperioden und sonstigen Prüfkriterien.

Auch die Zahlungen vom Konto werden einer genauen Überprüfung unterzogen und vermitteln einen Einblick in Ihre tiefste Privatsphäre. Es werden Ihr Konsumverhalten, Ihre sonstigen Gewohnheiten und Ihre Disziplin im Umgang mit Geld sehr genau nachvollzogen. Zusätzlich unterstützen die Banken den bargeldlosen Zahlungsverkehr. Damit eröffnen sie sich noch weitere gigantische Informationsmöglichkeiten.

All diese Erkenntnisse bringen der Bank einen ganz entscheidenden Wettbewerbsvorteil – in der Beurteilung Ihrer finanziel-

len Möglichkeiten, für die Aufnahme von Krediten und für den Verkauf der bankeneigenen Veranlagungsprodukte.
Mit diesem Wissen und für den Verkauf professionell geschulter Bankmitarbeiter wird mit einem sehr ausgeklügelten System versucht, Ihnen die gesamte Produktpalette zu verkaufen.

Achtung, Falle!

Sollten Sie sämtliche Konten und Transaktionen über eine einzige Hausbank abwickeln, sind Sie bis ins letzte Detail überprüfbar. Sie können sicher sein, dass in den meisten Fällen die Bankmitarbeiter nicht, wie so gerne nach außen hin dokumentiert wird, individuell und objektiv beraten, sondern in erster Linie versuchen (müssen), Ihre eigenen Produkte zu verkaufen. Ihr Bankbetreuer ist somit nicht Berater, sondern Produktverkäufer. Bitte denken Sie bei den nächsten Gesprächen daran.

Mein Tipp:

Führen Sie bei mehreren Banken Konten. Holen Sie sich vor größeren Entscheidungen in der Veranlagung oder in der Finanzierung mehrere „vergleichbare" Anbote ein. Ziehen Sie einen unabhängigen Experten bei. Er soll die Anbote überprüfen, diese für eine objektive und nachhaltig vorteilhafte Entscheidungsfindung aufbereiten. Letztendlich lassen Sie diesen auch noch als Fachmann die Verhandlungen führen.

Der Kreditschutzverband

Die Banken, Leasinggesellschaften und Versandhäuser usw. sind verpflichtet, Informationen über Ihre Verbindlichkeiten an eine zentrale Einrichtung, den Kreditschutzverband, weiterzuleiten. „Der Kreditschutzverband von 1870" ist eine Einrichtung, in der sämtliche Kredite, Leasingverträge und Ratengeschäfte von Warenhäusern erfasst sind.
Bei Privatpersonen werden sämtliche Verbindlichkeiten bei der Konsumentenkreditevidenz (KKE) erfasst. Einblick in diese Register haben Banken und Leasingfirmen. Die Bonität über die registrierten Privatkunden fällt unter den Datenschutz. Aber nicht

nur Kredite, sondern auch Warenkredite, wie zum Beispiel Kaufhauskredite, werden registriert. Bei der Warenkreditevidenz wird zum Beispiel vermerkt, wenn eine Privatperson offene Mobiltelefonrechnungen hat.

Achtung, Falle!

Es empfiehlt sich, bei Angabe von bestehenden Verbindlichkeiten diese exakt bekannt zu geben, da eine Überprüfung im Rahmen von Kreditanträgen automatisch erfolgt. Falsche oder unvollständige Angaben, natürlich nicht vorsätzlich, sondern irrtümlich, kommen auf diesem Wege unweigerlich an das Tageslicht und lassen eine verzerrte Optik entstehen.

Mein Tipp:

Sie können als Privatperson beim Kreditschutzverein Einblick in die eigenen Daten nehmen. Nachdem Sie sich ausgewiesen haben, können Sie einmal jährlich einen kostenlosen Ausdruck anfordern[9].

Sie können aber auch Ihre Hausbank auffordern, Ihnen die bereits vorliegenden Unterlagen des Kreditschutzverbandes zu zeigen. Diese Information kann für Sie von enormer Bedeutung sein, da bei Vorliegen von unrichtigen Daten falsche Rückschlüsse über Sie gezogen werden können.
Es wird zwar der Kreditgeber nicht namentlich angeführt, aber die Eckdaten der eingegangenen Verbindlichkeiten (Kredit, Leasing usw.) werden sehr exakt dokumentiert. Registriert werden auch die Anfragen und die Ablehnungen von Finanzierungswünschen. Führen Sie sich vor Augen, welche Informationen und Spuren auf diesem Wege hinterlassen werden.

Schwarze Liste – Unerwünschte Kontoverbindungen

Sollten Sie mit Ihren Zahlungen in Rückstand geraten, so müssen Sie nach der dritten Mahnung oder bei der Klagseinbringung damit rechnen, dass Sie auf diese schwarze Liste der Banken beim „Kreditschutzverband von 1870“ gesetzt werden.
Das Vorhandensein dieser Liste wird laut einer Auskunft beim

„Kreditschutzverband von 1870" verneint. Bilden Sie sich zu dieser Aussage Ihre eigene Meinung, nachdem Sie die anschließende Pressemeldung gelesen haben: Peter Pisa berichtet im „Kurier": *„Urteil zwingt Bank, Kunden von schwarzer Liste zu nehmen" Eine einzigartige Klage eines Wieners, der auf seinem Konto mit ATS 13.368,– im Minus war, hatte Erfolg. Das Landesgericht für Zivilrechtssachen in Wien zwingt eine große Bank dazu, die Daten eines Kunden aus dem Register der unerwünschten Kontoverbindungen binnen 14 Tagen zu löschen.*

Die Negativmeldungen bleiben auch nach Zahlung der Schulden aufrecht – bis zu zehn Jahren! Das führt dazu, dass der gemeldete Kunde, sollte er bei einer anderen Bank um einen Kredit ansuchen, zumindest genauer geprüft wird, bzw. man achtet besonders auf verstärkte Sicherheiten.

Sollten Sie auf dieser Liste stehen, kann es Ihnen sogar passieren, dass die Eröffnung eines Gehaltskontos abgelehnt wird. Wissen Sie, was das für Ihre persönliche Reputation bedeutet, Ihrem Arbeitgeber sagen zu müssen, Sie können sich Ihr Gehalt nur in bar auszahlen lassen?

Zum Urteil obiger Klage

M. ist Wiener Sportlehrer. Er überzog sein Konto 1991 um knapp ATS 58.000,–. Schriftlich war ihm kein Überziehungsrahmen zugestanden worden. Zum Großteil deckte er den Rückstand ab. Ende 1993 fehlten ATS 13.368,–. Nicht gerade viel. Die Bank mahnte ihn – brachte sogar die Mahnklage ein! M. zahlte.

Die Meldung an den Kreditschutzverband aber war bereits über Computer hinausgegangen. Ein paar Tage später schrieb die Bank an den KSV: Die Kontoüberziehung wurde nach Klage zur Gänze bezahlt. Egal: M. blieb auf der schwarzen Liste – exakt formuliert: Sein Name blieb im UKV-Register (= unerwünschte Kontoverbindung). Seiner Aufforderung, die Bank möge eine komplette Löschung der Daten vornehmen, kam sie weder 1994 noch 1998 nach. Deshalb die einzigartige Zivilklage. Das Urteil[10] wurde im Justizpalast gefällt und ist rechtskräftig. Der Anwalt der Bank verzichtet auf eine Berufung. M. hat – nach sechs Jahren – die schwarze Liste verlassen. Aus Richter Christian Woppels Begründung: Daten sind zu löschen, wenn

1. ihre Erfassung (Speicherung) nicht mehr erforderlich ist,
2. der Löschung nicht überwiegende berechtigte Interessen des Auftraggebers entgegenstehen.

Im Fall M. kann man wirklich nicht davon sprechen, dass die Interessenswertung zu Gunsten der Banken zu treffen ist. Vielmehr überwiegen M.s Interessen, dass er nicht länger als schlechter Zahler gebrandmarkt wird, beträchtlich.

Mein Tipp:

Es kommt immer wieder zu Irrtümern bei der Registrierung. Diese sind Ihnen nicht bekannt und können Ihre Bonität entscheidend negativ beeinflussen. Da Sie davon ausgehen können, dass diese Auskünfte bei jeder Kreditanfrage automatisch abgerufen werden, lassen Sie sich das Ergebnis von Ihrer Bank zeigen, um die Daten auf Richtigkeit zu überprüfen. Achtung: Ihre Bank ist verpflichtet, Ihnen die Daten über Ihre Person zu zeigen.

Noch umfassender sind die Auskünfte beim Kreditschutzverband für Unternehmungen. Diese werden nicht nur von Banken, sondern regelmäßig auch von Geschäftspartnern abgerufen, um sich eine Übersicht über die Zuverlässigkeit und die Zahlungsmöglichkeiten zu verschaffen.

Holen Sie sich zur Kontrolle die geführten Informationen über Ihr Unternehmen ein, um zu wissen, wie Sie nach außen hin dargestellt werden und um gegebenenfalls Korrekturen, Aktualisierungen usw. veranlassen zu können.

Das Grundbuch

Eigentumsverhältnisse, Belastungen, aber auch mit Liegenschaften verbundene Rechte und Pflichten sind im Grundbuch ersichtlich. Die Banken haben natürlich die Möglichkeit, jederzeit die Daten Ihrer Liegenschaften von der Grundstücksdatenbank abzurufen, um sich Informationen über Ihre Vermögensverhältnisse oder Belastungen zu verschaffen. Sie müssen damit rechnen, dass diese Abfragen auch bei nicht grundbücherlicher Sicherstellung der Kreditverbindlichkeiten routinemäßig durchgeführt werden.

Sind im Grundbuch mehrere Pfandrechte eingetragen, so spielt im Verwertungsfalle das Datum der Eintragung eine entscheidende Rolle. Bei Versteigerungen wird der Versteigerungserlös auf die Pfandgläubiger aufgeteilt. Die Aufteilung erfolgt in der Reihenfolge der zeitlichen Eintragung der Pfandrechte. Erstrangige Pfandrechte sind deshalb sehr begehrt. Diese gute Absicherung muss der finanzierenden Bank auch etwas wert sein. Entweder in Form eines günstigen Zinssatzes oder in Form der Übernahme der Besicherungskosten (Eintragungsgebühr, Beglaubigungskosten usw.).

Achtung, Falle!

Ihre Belastungen im Grundbuch werden auch bei gänzlicher Bezahlung des besicherten Kreditbetrages nicht automatisch gelöscht. Immer wieder passiert es, dass im Grundbuchsauszug nicht mehr aktuelle Hypotheken aufscheinen. Dadurch wird ein falscher Eindruck Ihrer Belastungen vermittelt. Veranlassen Sie die Bank oder den Begünstigten des Pfandrechtes, eine Löschungsquittung auszustellen. Damit können Sie beim zuständigen Grundbuchsamt eine Löschung dieser Pfandrechte erwirken.

Mein Tipp:

Holen Sie sich einen aktuellen Grundbuchsauszug zur Kontrolle. Sollten bereits bezahlte und nicht gelöschte Belastungen aufscheinen, fordern Sie von den Kreditgebern Löschungsquittungen an, um damit beim zuständigen Grundbuch die Löschung zu veranlassen.

Achtung, Falle!

Bestehende Höchstbetragspfandrechte können bei neuen Kreditaufnahmen kostenlos wieder verwendet werden. Überlegen Sie sich deshalb vor einer Löschung genau, ob Sie in absehbarer Zeit neuerlichen Kreditbedarf haben werden.

Das Firmenbuch

Registrierte Unternehmen sind im Firmenbuch festgehalten; auch

in diesem Falle können die Informationen jederzeit auf elektronischem Wege abgerufen werden. Diese Daten enthalten primär den Geschäftszweck des Unternehmens, die Eigentümerstruktur sowie die bestellten Geschäftsführer.
Im Firmenbuch müssen bei Kapitalgesellschaften wirtschaftliche Abschlüsse (Bilanzen) für die Einsichtnahme deponiert werden. Um nicht zu detaillierte Informationen, die natürlich auch von Mitbewerbern im Firmenbuch eingesehen werden können, zu veröffentlichen, leiten Sie keine vollständige Bilanz weiter, es genügt eine Kurzform.

Die Schuldenfalle

Der finanzielle Kollaps kommt in den seltensten Fällen überraschend, sozusagen von heute auf morgen. Es ist vielmehr ein schleichender Prozess. Wir leben in einer stark konsumorientierten Gesellschaft, und die Industrie berieselt uns von früh bis spät mit kaufanimierenden Werbespots. Sie beeinflusst und steuert unser Konsumverhalten und weckt permanent latent vorhandene Bedürfnisse. Gleichzeitig tritt die Industrie als unser Problemlöser auf und bietet uns genau die Lösungen für die zuerst künstlich geschaffenen Bedürfnisse und Probleme.
Dies ist kein bewusster Prozess und verleitet sehr leicht dazu, ständig über die Verhältnisse zu leben. Die Situation in Österreich ist dramatisch. Immer mehr Österreicher stecken in der Kreditfalle. Bis zu 60.000 Haushalte sind alleine durch Jobverlust in Österreich von Überschuldung bedroht. 210.000 Mal rückt alljährlich der Exekutor aus. Die Ursache: vermeintlich billiger Fremdwährungskredit, steigende Zinsen, Arbeitslosigkeit.
Die Banken unterstützen diesen Trend durch die Forcierung der Kartenausstattung (Kreditkarten, Bankomatkarten usw.) sowie durch die sehr großzügige Bereitstellung von Überziehungsmöglichkeiten.
Einfach fantastisch: Als Kontoinhaber können Sie praktisch 24 Stunden am Tag ohne Rücksicht auf Banköffnungszeiten Geld ausgeben, sich spontan alle Wünsche erfüllen, shoppen, was das Herz begehrt, in Lokalen nach Lust und Laune feiern, bis sich die

Balken biegen, die Tankrechnungen begleichen; die Freiheit ist fast grenzenlos, mit Ihrer Kreditkarte sind Sie überall ein gern gesehener Gast und Kunde.

Das Leben auf „Pump" hat ein natürliches Ablaufdatum. Das finanzielle Korsett wird immer enger. Alarmsignale werden zu Beginn ignoriert. Zum Beispiel, wenn die Bank keine Abbuchungen von Ihrem überzogenen Konto mehr durchführt, bereits mehrmals alle Verbindlichkeiten durch Umschuldungen zusammengefasst wurden, Sie sich erfolgreich einreden, in absehbarer Zeit ohnehin mehr zu verdienen usw.

Beschleunigt wird das finanzielle Desaster durch den Verlust des Arbeitsplatzes, Unfälle, längeren Ausfall durch Krankheiten, Scheidungen, um nur einige Gründe aufzuzählen.

Zu diesem Zeitpunkt könnte noch vieles planiert werden. Es liegt jedoch in der Natur vieler Menschen, sich nicht den Problemen zu stellen und Lösungen zu suchen, sondern diese ganz einfach zu verdrängen. Ab nun geht es steil bergab.

Auf Mahnungen folgen Fälligstellungen, zu den ursprünglichen Schulden und diversen Verbindlichkeiten kommen Überziehungs- und Verzugszinsen, Mahnspesen, die Kosten von Inkassobüros, Rechtsanwaltshonorare, Gerichtskosten.

Der Aktionsplan

Schreiben Sie sich alle Schulden penibel auf, um sich einen Überblick zu verschaffen. Erstellen Sie eine Liste mit sämtlichen Einkommen und den wichtigsten Ausgaben zur Abdeckung der Grundbedürfnisse wie Wohnungskosten, Ernährung usw.

Die daraus resultierende Differenz steht für die Bezahlung von Schulden zur Verfügung. Erstellen Sie einen genauen Zahlungsplan, der sämtliche Schuldner berücksichtigen muss. Teilen Sie das zur Verfügung stehende Kapital gleichmäßig auf diese Gläubiger auf. Reicht diese Summe nicht aus, um längerfristig alle Schuldner in absehbarer Zeit bedienen zu können und eine Entschuldung zu erreichen, sollten Sie versuchen, entsprechende dem Einkommen angepasste Schuldnachlässe zu erreichen. Diese kalkulieren Sie bereits gleichmäßig verteilt in Ihre Berechnungen mit ein.

Mit gut aufbereiteten Unterlagen treten Sie nun an alle Gläubiger heran. So haben Sie eine realistische Chance, dass diese auf einen Teil ihrer Forderungen verzichten und Sie als Schuldner nach Bezahlung der vereinbarten Quote von den restlichen Schulden befreit werden. Ich empfehle, dass Sie in einer derart schwierigen Situation auch eine Schuldnerberatungsstelle kontaktieren. Die qualifizierten Mitarbeiter werden Sie, beim Erkennen der Ernsthaftigkeit Ihrer Bemühungen, bei Ihrem Vorhaben unterstützen. Es gibt in allen Bundesländern derartige Einrichtungen, die für Sie nächste können Sie dem Anhang dieses Buches entnehmen.
Vermeiden Sie diverse Kreditvermittler, die Ihnen in Inseraten rasche, unbürokratische und kostengünstige Lösungen bei Finanzproblemen ankündigen. Sie können mit großer Sicherheit davon ausgehen, dass damit zu Ihren bisherigen Problemen noch weitere dazukommen werden.

Der Privatkonkurs

Werden Ihre Bemühungen, eine außergerichtliche Schuldenregulierung zu erreichen, nicht angenommen, so steht Ihnen noch der Weg des Privatkonkurses offen. Der Privatkonkurs umfasst gerichtliche, aber auch außergerichtliche Bemühungen.
Die Bestimmungen des Privatkonkurses fördern den Abschluss von außergerichtlichen Ausgleichen. Bei dieser Variante gibt es keine Gerichtskosten, und die Zahlungen kommen direkt den Gläubigern zugute. Die Schulden werden auf jene Summe reduziert, die der Zahlungsfähigkeit des Schuldners angemessen ist. Ein außergerichtlicher Ausgleich kommt nur dann zustande, wenn alle Gläubiger damit einverstanden sind.
Gelingt keine außergerichtliche Lösung, so wird ein Konkurs- und Schuldenregulierungsverfahren eingeleitet.
Das Privatkonkursverfahren dauert in der Regel zwei bis sechs Monate, Anfechtungsprozesse und Vermögensverwertungen können jedoch eine Verzögerung bewirken. Das Ziel ist ein durchaus positives, nämlich einem zahlungswilligen, redlichen Schuldner die realistische Chance auf einen wirtschaftlichen Neubeginn zu geben.

Die Konkurseröffnung erfolgt am schnellsten und einfachsten, wenn der Schuldner beim zuständigen Bezirksgericht einen Antrag stellt und einen Kostenvorschuss einbezahlt. Dieser reicht von ca. ATS 2.500,– bis ATS 30.000,–. Kann der Schuldner diesen Kostenvorschuss nicht erlegen, ist der Privatkonkurs trotzdem möglich, jedoch mit strengen formalen Voraussetzungen.

Der Privatkonkurs eröffnet dem Schuldner die Möglichkeit, sich aus eigener Kraft aus seiner finanziellen Misere zu befreien. Dazu hat der Gesetzgeber drei Möglichkeiten vorgesehen:

1. Der Zwangsausgleich:

Erforderlich ist eine Mindestquote von 20 % in maximal zwei Jahren oder eine Mindestquote von 30 % in maximal fünf Jahren. Eine Gläubigermehrheit ist erforderlich!

2. Der Zahlungsplan:

Das ist ein flexibler Zwangsausgleich ohne zahlenmäßige Mindestquote. Die Maximallaufzeit beträgt sieben Jahre. Der Schuldner muss seinen Gläubigern jedoch eine Quote anbieten, die seiner Einkommenslage in den folgenden fünf Jahren entspricht. Eine Gläubigermehrheit ist erforderlich!

3. Das Abschöpfungsverfahren mit Restschuldbefreiung:

Es erfolgt eine Abschöpfung bis auf das Existenzminimum. Die Restschuldbefreiung ist gegeben, wenn mindestens zehn Prozent in sieben Jahren oder 50 % nach mindestens drei Jahren oder wenn weniger als 10 % in sieben Jahren bei Billigkeit und/oder Verlängerung auf maximal zehn Jahre bezahlt werden.

Über das Abschöpfungsverfahren mit Restschuldbefreiung kann auch ohne Zustimmung der Gläubiger vom Gericht entschieden werden!

Was Sie überlegen sollten, ehe Sie einen Kredit aufnehmen

In Kenntnis des Inhalts dieses Kapitels werden Sie Banken, Versicherungen und Kreditvermittlern ein wenig anders begegnen. Wacher, mit offenen Augen und einem offenen Herzen. Vermittlungsprovisionen, Bankprovisionen, Kontogebühren, Spesen, Kommissionen werden Ihnen hoffentlich nicht mehr das Gefühl geben, ins unbekannte kalte Wasser springen zu müssen. Trotzdem: Überlegen Sie genau, bevor sie einen Kredit eingehen, und überschlafen Sie Ihre Situation mehrmals.

1 *Errechnen Sie* überschlagsmäßig, wie hoch der Anteil Ihres Kredites ist, der an eben diese Personen und Institutionen fließt. Machen Sie sich klar, wie viele Stunden, Tage oder Wochen Sie dafür arbeiten müssen.
2 *Überprüfen Sie* weiters Ihre persönliche Umgebung. Kommen Sie aus einer Familie, in der Schuldenmachen üblich ist, oder aus einer, in der gesagt wurde: „Nein, bei uns gibt es so etwas nicht."
3 *Überlegen Sie*, in welchem Umfeld Sie aufgewachsen sind. Versuchen Sie dann, diese Ihnen in die Wiege gelegte Wertehaltung mit Ihrer derzeitigen abzugleichen und die Zweckmäßigkeit oder die Unsinnigkeit eines Kredites vor sich selbst zu argumentieren. Vertreten Sie dabei einmal die Position eines „Anwaltes", der für die Kreditaufnahme ist, dann wiederum die Position einen „Anwaltes", der dagegen ist.
4 *Listen Sie* die Ergebnisse schriftlich auf, was Ihnen die Aufnahme eines Kredites persönlich bringt. Alle positiven und alle negativen Seiten.
5 *Visualisieren Sie* Ihr Leben ohne die Aufnahme des Kredites: Wird sich Ihr Lebensstandard ändern, und wenn ja, was bedeutet das für Sie, Ihre Familie, Ihre Umwelt, Ihren Beruf?
6 *Dann visualisieren Sie* ihr Leben nach Aufnahme des Kredites: Was hat Ihnen der Betrag erleichtert, was ermöglicht? Aber überlegen Sie auch: Was müssen Sie tun, um die Kreditrate regelmäßig beibringen zu können?
7 *Reflektieren Sie* Ihre eigene Haltung zu einem Kredit: gibt

Ihnen das geliehene Geld die Kraft, neue Perspektiven in Ihrem Leben zu eröffnen, etwa eine größere Wohnung, so dass Sie sich vom Getümmel Ihrer Kinderschar auch zurückziehen können, um zu regenerieren und neue Kraft zu schöpfen?

8 *Belastet Sie* der Gedanke, monatlich wahrscheinlich über Jahre einen Betrag aufbringen zu müssen, der Ihre finanzielle Freiheit einschränkt?

9 *Wie geht Ihre Familie* mit der Tatsache um, dass nun ein Kredit das Familienbudget belastet?

10 *Suchen Sie den Rat* eines verlässlichen Menschen: Sollte die Situation einer Kreditaufnahme Sie belasten, so überprüfen Sie nochmals Ihre Bedenken und Ihre Liste der Vor- und Nachteile mit einer Ihnen nahe stehenden Person. Es sollte jedoch niemand sein, der von der Kreditsituation in irgendeiner Form betroffen ist.

11 *Machen Sie sich eine ganz persönliche Checkliste*, bevor Sie diese Entscheidung fällen. Schreiben Sie die Vor- und die Nachteile jeweils auf diese Liste. Berücksichtigen Sie auch „großräumige Entscheidungen" in Ihrem Leben, die eintreten könnten – wie Jobwechsel, Unterhaltszahlungen, Veränderungen der Wohnsituation, Trennung/Scheidung usw.

Überdenken Sie nochmals, ob es nicht doch noch eine andere Möglichkeit gäbe, die Aufnahme eines Kredites zu umgehen.
Setzen weder Sie sich noch lassen Sie sich von anderen unter Zeit- oder psychischen Druck versetzen. Es ist zumeist eine Entscheidung über Jahre. Und: Es ist Ihre Entscheidung. Sie können diese zwar dann auch ändern, aber wir wissen, all das kostet Geld, Ihr Geld.

Eigenkapitalvorschriften für Banken

Um Bankzusammenbrüche (Bank Burgenland, BHI Graz ...) künftig zu verhindern, werden unter dem Begriff „Basel II" neue Eigenkapitalvorschriften für Banken definiert, die ab dem Jahr 2004 zum Einsatz kommen werden. Damit sollen die Kreditrisiken von Unternehmungen auf objektive und nachvollziehbare

Weise bewertet und an externe Beurteilungen gebunden werden. Die Proteste von österreichischen Bankvertretern sind für mich nicht nachvollziehbar, gilt es doch, den Schutz der Sparer zu verbessern und einen Standard in der Risikobewertung zu erreichen, wie er für US-Banken schon lange eine Selbstverständlichkeit darstellt. Damit könnten unverständliche Großpleiten (siehe Hom-Rusch, Steiner ...) verhindert werden.
Die Argumente der Banken, die Kosten der Bankenaufsicht würden dramatisch ansteigen und zu einem Wettbewerbsnachteil führen, klingen nicht sehr plausibel. Durch professionelles Risikomanagement und die damit verbundenen geringeren Kreditausfälle ist ein enormes Sparpotenzial gegeben.

Schuldenberatungsstellen in Österreich

Bevorrechtete Schuldnerberatungsstelle (Stand 1. Januar 1997)
Diese professionellen Beratungsstellen verfügen über eine zeitgemäße personelle und technische Ausstattung und sind nicht auf Gewinn gerichtet. Die „Bevorrechtung" wird als Gütesiegel vom Justizministerium bescheidmäßig ausgesprochen.

Arbeitsgemeinschaft Schuldnerberatung (ASB)
4020 Linz, Scharitzerstraße 1
Tel: 0732/65 3 30, www.winie.uni-linz.ac.at/asb_gr

Der Dachverband der österreichischen Schuldnerberatungen führt selbst keine Beratungen durch.

WIEN
Schuldnerberatung der Stadt Wien
1020 Wien, Obere Augartenstraße 26,
Tel: 01/3308735, Fax: 01/3308735-99 85 530
www.wien.gv.at/ma11/Seiten/partfam/schubera.htm
Schuldnerberatung – KWH
1020 Wien, Leopoldgasse 4/6,
Tel: 01/2182790, Fax: 01/2182790-22
www.schuldnerberatung.at

NIEDERÖSTERREICH

Schuldnerberatung Niederösterreich
3100 St. Pölten, Linzerstraße 7,
Tel: 02742/355420-0, Fax: 02742/355420-20
sbnoe@aon.at

Regionalstellen:
2700 Wiener Neustadt, Hauptplatz 26,
Tel: 02622/84855, Fax: 02622/84855-20
wr.neustadt@sbnoe.at
2020 Hollabrunn, Koliskoplatz 6,
Tel: 02952/20431, Fax: 02952/20431-20
hollabrunn@sbnoe.at
3910 Zwettl, Landstraße 31/1
Tel: 02822/57036, Fax: 02822/57036-50
zwettl@sbnoe.at

OBERÖSTERREICH

Schuldnerberatung Oberösterreich
4020 Linz, Bischofstraße 7,
Tel: 0732/775511, Fax: 0732/775550
linz@schuldnerberatung.at, www.klartext.at

Regionalstellen:
4600 Wels, Altstadt 12,
Tel: 07242/45099, Fax: 07242/45099-4
wels@schuldnerberatung.at
4400 Steyr, Bahnhofstraße 14,
Tel: 07252/52310, Fax: 07252/52310-4
steyr@schuldnerberatung.at
4840 Vöcklabruck, Stadtplatz 36,
Tel: 07672/27776, Fax: 07672/27776-4
4910 Ried im Innkreis, Bahnhofstraße 38
Tel: 07752/88552, Fax: 07752/88552-4
ried@schuldnerberatung.at

Verein für prophylaktische Sozialarbeit
4020 Linz, Hessenplatz 11/2,
Tel: 0732/7777340, Fax: 0732/777758-22
linz@schulden.at, www.schulden.at
4150 Rohrbach, Stadtplatz 16,
Tel: 07289/5000, Fax: 07289/5000-22
rohrbach@schulden.at

SALZBURG
Schuldnerberatung Salzburg
5020 Salzburg, Gabelsbergerstraße 27,
Tel: 0662/879901, Fax: 0662/879901-73
sb-salzburg@aon.at

KÄRNTEN
Schuldnerberatungsstelle Kärnten
9020 Klagenfurt, Waaggasse 18/3,
Tel: 0463/515639, Fax: 0463/515639-6

STEIERMARK
Rettet das Kind
Schuldnerberatung Steiermark
8010 Graz, Geidorfgürtel 26/1,
Tel: 0316/372507, Fax: 0316/372507-20
sbgraz@yline.com

Regionalstellen:
8530 Deutschlandsberg, Poststraße 3,
Tel: 03462/68300, Fax: 03462/6830-77
bzdl@netway.at
8750 Judenburg, Liechtensteingasse 1,
Tel: 03572/83980, Fax: 03572/83980-6
judenburg@beratungszentrum.at
8700 Leoben, Vordernbergerstr. 7,
Tel: 03842/47012, Fax: 03842/42372-17
www.checkit.at/libit

8940 Liezen, Salzstraße 7,
Tel: 03612/26322, Fax: 03612/25806
psd.liezen@projuventute.at
8605 Kapfenberg, Wienerstraße 60,
Tel: 03862/22413, Fax: 03862/22413-9
bzb@lion.cc
8680 Mürzzuschlag, Wienerstraße 3/11,
Tel: 03852/4707, Fax: 03852/10
bzmuerzzuschlag@netway.at
8160 Weiz, Florianigasse 3,
Tel: 03172/42580, Fax: 03172/42580-20
bzweiz@yline.com

TIROL

Schuldnerberatung Tirol
6020 Innsbruck, Salurnerstraße 18,
Tel: 0512/577649-22, Fax: 0512/577649-10
schuldnerberatung.tirol@telering.at

VORARLBERG

IfS-Schuldnerberatung, Institut für Sozial-Dienste
6900 Bregenz, Mehrerauerstraße 3,
Tel: 05574/461850, Fax: 05574/46185-25
ifs.schuldenberatung@ifs.at

Regionalstelle:
6800 Feldkirch, Schießstätte 14,
Tel: 05522/75902-53, Fax: 05522/75902-20
Tel: 05522/75902-53, Fax: 05522/75902-20
ifs.feldkircch@ifs.at

BURGENLAND

7001 Eisenstadt, Europaplatz 1,,
Tel: 02682/6002150, Fax: 02682/6002154
post.schuldnerberatung@bgld.gv.at

So legen Sie Ihr Geld richtig an

Im Leben muss man wissen, was man will ...

Um die richtige Veranlagungsform zu finden, müssen Sie vorerst definiert haben, worauf Sie sparen wollen. Erst dann können Sie die Laufzeit und die Höhe Ihres Sparzieles einigermaßen gelassen festlegen. Es ist nicht ein- und dasselbe, ob Sie für den nächsten Urlaub, für das neue Auto, für die große Wohnung, für das Studium der Kinder oder für die Altersvorsorge ansparen. Und es ist nicht egal, ob Sie an regelmäßigen Ausschüttungen interessiert sind oder ob Sie die Erträge nicht ausgeschüttet (thesauriert), sondern zur Stärkung der Substanz abermals veranlagen wollen.

In jenem Teil Ihres Vermögens, das Sie längerfristig investieren, kann zum Beispiel mit Aktien ein wesentlich größeres Schwankungsrisiko in Kauf genommen werden als mit einem Sparbuch. Vergleiche der Wertsteigerung aus der Vergangenheit zeigen, dass erhöhtes Risiko mit deutlich höheren Erträgen belohnt werden kann.

Um kurzfristige Anlageziele zu erreichen, empfehle ich immer wieder, Investments mit sehr geringer Volatilität zu bevorzugen. Auch wenn – etwa in Zeiten freundlicher Börsenstimmung – das größere Risiko noch so verlockend sein mag!

Eine Übersicht als Orientierungshilfe

Laufzeit	*Sparziel*	*Produkt*
Kurzfristig 1 – 3 Jahre	z. B. Urlaub, Kleidung Reparaturen usw.	Sparbuch
Mittelfristig 3 – 7 Jahre	z. B. Kfz, Wohnraum, Computer usw.	Anleihen
Langfristig	z. B. Vorsorge, Studium	Aktien

Wie war das Geld in Österreich Ende 2000 verteilt?

Spareinlagen	50 %
Sicht- und Termineinlagen	9 %
Investmentfonds	11 %
Lebensversicherungen und Pensionskassen	18 %
Sonstige	12 %

Gerade im Bereich der Vorsorge mit langfristigem Anlagehorizont hat sich das Verhalten der Anleger stark verändert. Durch die wesentlich höheren Ertragserwartungen bei Wertpapieren, speziell bei Aktien, gehen die Anleger bei langfristigen Investments immer mehr dazu über, dort ihr Geld zu „parken", wobei sie professionell gemanagten Aktienfonds den Vorzug geben.

Veranlagungstypologie

Blicken Sie in den Spiegel. Um in Zukunft Erfolg mit einer Veranlagung zu haben, müssen Sie zuerst festlegen, welcher Risikotyp Sie sind.

In langjähriger Erfahrung habe ich erkannt, dass sich Anleger im Laufe größerer Zeiträume und unterschiedlicher Lebensphasen ändern. Dabei spielt auch der Lebenspartner eine entscheidende Rolle.

Die Risikobereitschaft ist zudem von der Situation an den Börsen abhängig: In Hausse-Phasen, also in Zeiten stark und anhaltend steigender Kurse, sind selbst die eher Risikoscheuen bereit, über ihren Schatten zu springen und Aktien zu überhöhten Kursen zu erwerben. In Baisse-Phasen, in Perioden mit stark und anhaltend fallenden Kursen, verkaufen sie aus Angst vor weiteren Verlusten zu einem sehr ungünstigen Zeitpunkt. Ein wichtiger Rat: Tun Sie das nicht! Ihr Verlust ist auf diese Weise vorprogrammiert! Auf Grund seiner negativen Erfahrungen greift genau dieser Anleger als nächstes bei langfristigen Anlagezielen, etwa bei der Vorsorge usw., zu sehr konservativen Anlageformen und verschenkt durch niedrigere Erträge abermals Geld.

Wir lernen aus diesen Überlegungen: Man sollte seine Risikobereitschaft stets abwägen, darf aber nie nur Momentaufnahmen

eines Geschehens sehen, sondern sollte ganzheitlich wahrscheinliche künftige persönliche Veränderungen soweit wie möglich in die Entscheidung mit einbeziehen.
Die meisten Fragebögen der Banken und Vermögensberater decken zwar die vorgeschriebenen gesetzlichen Erfordernisse ab, berücksichtigen aber diese längerfristig sehr wichtigen Aspekte nur sehr unzureichend. Nur Sie selbst können entscheiden, wie viele dieser Faktoren Sie in Ihre Planung mit einbeziehen müssen. Entwerfen Sie zusätzlich ein Worst-Case-Szenario, in dem Sie einen eventuellen Jobverlust, die Scheidung, Todesfälle usw. berücksichtigen.

Die Anlageformen ...

... mit denen wir uns in diesem Kapitel auseinander setzen, sind:

1. Das Sparbuch
2. Das Kapitalsparbuch
3. Die Termingeldeinlagen
4. Das Bausparen
5. Die Anleihen
6. Die Aktien
7. Die Investmentfonds
8. Die Lebensversicherungen
9. Der Terminmarkt

1. Das Sparbuch

Der Österreicher pflegt es seit weit über hundert Jahren wie einen Fetisch, sein geliebtes Sparbuch. Das marode Pensionssystem hat jedoch ein Umdenken notwendig gemacht: Eigenverantwortung und Eigeninitiative bei der Altersvorsorge wurden nun zum Pflichtthema für jeden erwerbstätigen Österreicher. Denn das Sparbuch wird künftig nicht ausreichen, einen sorgenfreien Lebensabend zu sichern; es wird zwangsläufig durch ertragreichere Anlageformen, etwa Fondssparpläne usw., ersetzt werden müssen.
Dass die Bewusstseinsbildung in diese für die Alpenländer neue

Richtung noch in den Kinderschuhen steckt, zeigt die Tatsache, dass in diesem Lande der größte Teil des Sparvolumens immer noch auf Sparkonten ruht, zum Jahresende 2000 waren es ca. € 122.867/ATS 1.690.686. Motto: „Besser wenig, aber sicher, als vielleicht viel, jedoch ein bisserl unsicher". Diese Lethargie bringt es mit sich, dass „Herr und Frau Übervorsichtig" über die Jahre hin jede Menge Geld vernichten. Denn, seien wir doch ehrlich, welche Bank hat einem schon je auf ein Sparbuch attraktive Zinsen angeboten? Speziell ältere Menschen, geprägt durch finanzielle Unsicherheiten in Kriegsjahren und durch Entbehrungen, greifen in ihrem Sicherheitsdenken vorzugsweise zum Sparbuch. Die Geschichte gibt ihnen allerdings nicht Recht, denn im 20. Jahrhundert wurden durch Kriege und Währungsreformen mit Sparbüchern viele Milliarden verloren, da das Sparbuch keinen Inflationsschutz gewährleistet. Kein Wunder also, wenn das Streben nach Sicherheit – von jungen Menschen von heute als irrational beurteilt – bei der Generation „fünfzig plus" stark ausgeprägt ist.

Das Sparkonto

Die traditionellste Sparform also ist das Sparbuch. Es handelt sich dabei um der Anlage dienende Geldeinlagen bei Kreditinstituten. Über die Spareinlage ist eine Urkunde auszustellen, in der Praxis ist das eben das Sparbuch. Die Verwendung der Spareinlage für den Zahlungsverkehr ist übrigens nicht erlaubt. Weiter unten werden Sie im Abschnitt „Anonymität" auch ausführlich lesen, dass es in Österreich seit 1. November 2000 nicht mehr möglich ist, ein Sparbuch „anonym" zu eröffnen.

Bei dieser sehr einfachen Sparform können Sie zwischen einem Losungswortsparbuch (bis zu einer Einlagenhöhe von € 14.535,–/ ATS 200.000,–) und einem Namenssparbuch wählen.

Üblicherweise wird die Festlegung des Zinssatzes von der Einlagenhöhe und der Bindungszeit abhängig gemacht.

Das Sparbuch wurde für die kurzfristige Veranlagung von Geldern erdacht, über einen längeren Zeitraum können mit qualifizierteren Sparformen wesentlich bessere Renditen erzielt werden. Da kommt der Zinseszinseffekt zum Tragen: Je länger die Laufzeit, umso gravierender und unglaublicher werden die Unterschiede. Praktisch sind neuerdings die Spar-Cards, mit denen Sie rund um die Uhr an Ihr Geld herankommen können. Diese Plastik-Cards ersetzen heute das traditionelle gebundene und gedruckte Sparbuch. Auch hier richtet sich die Höhe des Zinssatzes nach der Höhe der Spareinlage. Da sich Ihr Geld auf dem Sparbuch um einen variablen Zinssatz vermehrt, ist es jederzeit ohne Zinsverlust verfügbar. Sie können bis zu € 2.907,–/ATS 40.000,– pro Tag vom Geldausgabeautomaten abheben. Die Sicherheit ist ähnlich der Bankomatkarte durch einen Geheimcode gewährleistet.

Achtung, Falle!

Wenn Sie Bindungsfristen vereinbaren, bedenken Sie bitte Folgendes: Bei vorzeitiger Behebung des Geldes werden Ihrem Konto Vorschusszinsen abgezogen. Die Höhe dieser Vorschusszinsen wird mit einem Promille pro Monat für die nicht eingehaltene Bindungsdauer festgelegt. Ihr Sparkonto darf jedoch insgesamt an Vorschusszinsen nicht mehr belastet werden, als an Habenzinsen vergütet wird. Achtung: Die Bindungsfristen werden bei Ablauf automatisch verlängert. Dies kann dazu führen, dass Sie bei Behebungen kurz nach Ablauf der Frist, im besten Glauben daran, keine Fristverletzung zu begehen, mit einem hohen Vorschusszinsenabzug konfrontiert werden.
Ein heißer Tipp aus der Praxis: Gehen Sie nie und unter keinen Umständen lange Bindungsfristen ein. Sie können nämlich bei konsequentem Verhandeln auch bei kürzeren Fristen gleich hohe Zinsvereinbarungen erreichen. Sollten Sie einmal früher als geplant Ihr Geld abheben wollen, so haben Sie noch immer die Möglichkeit – und auch die Chance, die Höhe des Abzuges von den Vorschusszinsen neu zu verhandeln.

Ich rate Ihnen *dringend*, dass Sie bei Sparbüchern immer wieder den Zinssatz und die zum Jahresende tatsächlich verrechneten Zinsen überprüfen. Sie können davon ausgehen, dass im Sog eines allgemein rückgängigen Zinsniveaus auch Ihre Sparbuchzinsen bei variablen Zinsvereinbarungen von den Kreditinstituten blitzschnell nach unten korrigiert werden. Bei steigendem Marktzinsniveau wird jedoch keine automatische Anpassung erfolgen. Bestenfalls passiert die Erhöhung viel später und in zu geringem Ausmaß. Kontrollieren und reklamieren Sie bei Differenzen! Aus langjähriger Banker-Praxis weiß ich, dass Sie sehr gute Chancen haben, rückwirkende Bonifikationen zu erreichen.

Teilen Sie Ihre Gelder jedenfalls auch auf verschiedene Bankinstitute auf. Bis zu einer Spareinlagenhöhe von € 20.000,–/ ATS 275.206,– haftet die Einlagensicherung. Sie sollten deshalb Ihre Gelder streuen, denn es sind ja bekanntlich wiederholt schon Banken Pleite gegangen. Außerdem ist es gut, nicht von einer einzigen Bank abhängig zu sein. Ich empfehle meinen Klienten stets, Geschäftskonten und Privatkonten bei getrennten Banken zu führen, um einer möglichen Willkür zu entgehen. Lassen Sie dies ohne weiteres auch Ihre jeweilige Bank wissen, dass Sie sowohl gute Kontakte als auch Geschäftsbeziehungen zu Mitbewerbern haben. Sie werden staunen, in den meisten Fällen erleichtert es Ihnen Ihre Verhandlungen enorm.

Mein Tipp:

Das Sparbuch ist eine geeignete Anlageform für kurzfristige Sparziele. Die Ertragserwartungen sind gering, dafür hat der Sparer die Sicherheit, dass er keinen Kapitalverlust in Kauf nehmen muss. Auch in unsicheren und sehr volatilen (großen Kursschwankungen ausgesetzten) Börsenzeiten ist das Geld auf Sparbüchern gut geparkt. Zwischenzeitlich können Sie in Ruhe und risikolos den Markt beobachten und einen günstigen Einstiegszeitpunkt für höherwertige Investments abwarten.

2. Das Kapitalsparbuch

Bei dieser dem Sparbuch ähnlichen Anlageform wird ein einmaliger Betrag einbezahlt. Die Kapitalsparbücher (Sparbriefe, Vermögenssparbücher, goldenes Kapitalsparbuch, Erfolgssparbuch usw.) werden von den Banken mit unterschiedlichen Laufzeiten bzw. Bindungsfristen angeboten. Diese umfassen durchschnittlich einen Zeitraum von sechs Monaten bis zu fünf Jahren. Der zugrunde gelegte Zinssatz ist ein Fixzinssatz, der bei Einhalten der vereinbarten Laufzeit von den Kreditinstituten garantiert wird.

Achtung, Falle!

Der vereinbarte Zinssatz kommt nur dann zum Tragen, wenn Sie die gesamte ursprünglich vereinbarte Laufzeit einhalten. Bei vorzeitigen Behebungen müssen Sie mit Zinsabschlägen rechnen, die den durchschnittlichen Ertrag entsprechend verringern können. Die Höhe des Abschlages richtet sich nach der Dauer der Veranlagung oder nach der nicht eingehaltenen Veranlagungszeit.
Steigt das allgemeine Zinsniveau, wird die Verzinsung des Sparbriefes nicht angepasst.
Achtung: Ein vorzeitiger Ausstieg, um in eine andere Veranlagungsform zu investieren, kommt Sie meistens teuer.

Mein Tipp

Kapitalsparbücher sind vor allem in Hochzinsphasen interessant. Der Zinssatz wird garantiert, bei fallendem Zinsniveau darf er von den Banken nicht nach unten korrigiert werden. Sollten Sie wirklich vorzeitig beheben müssen, so achten Sie auf die Ertragssprünge in der Auszahlungstabelle, da sehr oft eine Differenz von wenigen Tagen und Wochen den Gesamtertrag wesentlich beeinflussen kann.

Die Anonymität

„Wenn ein Sparbuch auch nicht viele Zinsen bringt, so ist es doch durch die Anonymität vor den Fängen des Fiskus geschützt", war bisher das Argument vieler Sparer. Seit Aufhebung der viel diskutierten Anonymität im Jahr 2000 ist diese Aussage nicht mehr relevant. Für derzeit ca. 25 Millionen anonyme Sparbücher sind durch internationalen Druck die neuen gesetzlichen Rahmenbedingungen in Österreich mit 1. November 2000 in Kraft getreten und enthalten Übergangsfristen bis zum 30. Juni 2002.
Auch nach Aufhebung der Sparbuchanonymität bleibt der Schutz der finanziellen Sphäre des Sparers durch das Bankgeheimnis gewährleistet.

Anonymität hat bis zum Jahre 2000 bedeutet, dass Sparbücher ohne Nachweis einer Legitimation (Personalausweis usw.) eröffnet werden durften. Der Überbringer des Sparbuches konnte ohne Rücksicht auf den Namen des Sparbuches über Beträge verfügen. Heutzutage muss der Sparbuchinhaber seine Identität der Bank gegenüber bekannt geben.
Bei diversen Strafverfahren (etwa Finanzstrafverfahren, Erbstreitigkeiten usw.) haben die Banken nach Aufforderung der Behörde die Konten offen zu legen. Dies berührt die meisten kaum, da durch die Kapitalertragssteuer eine Endbesteuerung gegeben ist, die Zinserträge werden also nicht einer nochmaligen Einkommenssteuer-Veranlagung unterzogen.
Das Sparbuch bleibt auch nach Aufhebung der Anonymität ein verlässliches Instrument des Sparens. Die Weitergabe von Sparbüchern ist in der Übergangsfrist bis 30. Juni 2002 von der Schenkungssteuer befreit. Es bleibt also bei dem seit 1993 bestehenden Grundsatz der Endbesteuerung, sodass mit dem Abzug der Kapitalertragssteuer (KEST) die Einkommens- und die Erbschaftssteuer abgegolten sind. In diesem Zusammenhang entfällt auch die bisher verpflichtende Meldung der Banken an das Finanzamt im Todesfall des Sparbuchinhabers.
Die wesentliche Änderung bei Ihrem anonymen Sparbuch gegenüber der bisherigen Situation ist, dass Sie sich, wenn sie nach dem 1. November 2000 ein Sparbuch eröffnet haben, bei Ihrer Bank durch die Vorlage Ihres amtlichen Lichtbildausweises legitimieren mussten. Ihr Sparbuch-Besitz ist somit nur Ihrem Geldinstitut bekannt, der Schutz ihrer privaten finanziellen Sphäre bleibt durch das Bankgeheimnis in vollem Umfang erhalten. Besitzen Sie bereits ein älteres Sparbuch, so können Sie seit dem 1. November 2000 Bareinzahlungen auf anonyme Sparbücher nur mehr dann durchführen lassen, wenn Sie sich bei ihrem Kreditinstitut als Inhaber des Sparbuches ausgewiesen haben. Gleiches gilt für die Gutschrift von Überweisungen.
Wenn Sie Geld von Ihren anonymen Sparbüchern abheben wollen, so können Sie das – auch ohne Identitätsfeststellung – noch bis zum 30. Juni 2002 tun.

Die neue Regelung für bestehende Sparbücher

Seit 1. November 2000 ist es nicht mehr möglich, neue anonyme Sparbücher zu eröffnen. Auch Bareinzahlungen und Überweisungen auf anonyme Sparbücher, zu denen noch keine Identitätsfeststellung erfolgt ist, dürfen nicht mehr durchgeführt werden. Sollten Sie eine Überweisung auf ein anonymes Sparbuch durchführen, so muss die Bank das Geld dem Absender zurücksenden. Behebungen sind ohne Identitätsfeststellung bis zum 30. Juli 2002 möglich. Die Schenkung von Sparbüchern ist meist für die Vergangenheit und bis 30. Juni 2002 steuerbefreit.

Ab 1. Juli 2002 können sie nur noch nach genauer Feststellung ihrer Identität Ein- und Auszahlungen von Ihrem Sparbuch durchführen. Jene Sparbücher, die zu diesem Zeitpunkt „herrenlos" sind, das heißt, zu denen bis dahin keine Identitätsfeststellung erfolgt ist, werden als besonders gekennzeichnete Konten weitergeführt. Sie dürfen sich dann nicht wundern, wenn die Informationen über ihr Sparbuch an „Neugierige", etwa an die EDOK (= Einsatzgruppe zur Bekämpfung der organisierten Kriminalität), weitergeleitet werden.

Allerdings müssen Sie mindestens € 14.535,–/ATS 200.000,– oder mehr in ihrem „Büchel" platziert haben, damit eine Routinemeldung Ihrer Bank über die geplante Abhebung an die EDOK erfolgt. Diese hat sieben Tage lang Zeit zu prüfen, ob Verdacht auf Geldwäsche vorliegt. Sollte dies nicht der Fall sein, kann die Bank Ihnen Ihr Geld auszahlen.

Dazu die gute Nachricht: Es weiß nun zwar die EDOK, was auf Ihrem Sparbuch los ist, aber im Zuge dieser Prüfung erfolgt keine Meldung an die Finanzbehörde. Durch die Feststellung der Identität der abhebenden Person wird das Sparbuch noch nicht legitimiert, es bleibt also weiterhin anonym.

Die nächste Abhebung kann daher wiederum durch eine andere Person erfolgen, die sich allerdings ausweisen muss. Sollten Sie jedoch glauben, dass Sie sich jetzt drüberschwindeln können, liegen Sie falsch. Denn es besteht auch ein gesetzliches Weitergabeverbot von Sparbüchern, zu denen noch keine Feststellung der Identität erfolgt ist.

Neue Sparbücher bzw. Sparguthaben nach erfolgter Identitätsfeststellung des Kunden:
Bis 1. November 2000 war es jeder Bank möglich, Sparbücher zu eröffnen, ohne den tatsächlichen Eigentümer zu kennen. Es konnte auf einen beliebigen Namen oder auch auf eine Nummer lauten. Damit handelte es sich um ein „anonymes Sparbuch". Seit diesem Zeitpunkt dürfen Sparbücher auf den eigenen Namen des Kunden oder auf eine andere Bezeichnung lauten. Bei Bekanntgabe des eigenen Namens ist die Bank verpflichtet, die Identität (Kopie eines Ausweises) festzuhalten. Nennen Sie aber das Sparbuch etwa nach Ihrer Tante oder Ihrem Hund, so muss ein Losungswort vereinbart werden, nach dessen Nennung über das Sparguthaben verfügt werden kann.
Über Namenssparbücher bzw. alle Sparbücher mit einem Guthabensstand von € 14.535,–/ATS 200.000,– oder mehr darf nur mehr vom identifizierten Kunden selbst verfügt werden. Über Sparbücher mit Losungswort und einer Guthabenshöhe unter ATS 200.000,– kann auch künftig jeder Buchvorleger gegen Nennung des Losungswortes verfügen. Der Einzahler muss von der Bank ab einer Höhe von € 14.535,–/ATS 200.000,– Einzahlung identifiziert werden.

Zur Erleichterung bei der Abschaffung der anonymen Sparbücher hat der Gesetzgeber eine großzügige Steuerbefreiung geschaffen. Geschenke von Geldeinlagen, somit von Sparbüchern aller Art, Sparbriefen, Sichteinlagen und Termingeldern, sind bis zum 30. Juni 2002 von der Schenkungssteuer befreit.
Erhalten Sie also Geld in dieser Form geschenkt, so brauchen Sie nicht zum Finanzamt für Gebühren zu laufen, außer die Schenkung soll offiziell dokumentiert werden. Die Schenkungssteuerbefreiung gilt unabhängig von der Höhe und vom Alter des Sparbuches. Auch neu eröffnete Sparbücher fallen unter diese Steuerbefreiung.
Die Steuerbefreiung gilt rückwirkend auch für bisher durchgeführte, aber noch nicht angezeigte Schenkungen. Einzige Ausnahme sind jene Schenkungen, die bereits Gegenstand einer abgabenrechtlichen oder finanzstrafrechtlichen Ermittlung sind.

Nicht von dieser Steuerbefreiung betroffen sind

- Bargeldschenkungen,
- Überweisungen zwischen Bankkonten,
- Schenkungen von Sparbüchern mit einer Auflage (z.B. Anschaffung eines Hauses mit dem Guthabensstand des Sparbuches),
- Schenkungen, an denen eine juristische Person beteiligt ist.

Verdienen Sie wenig, können Sie sich die Kapitalertragssteuer auf Zinserträge von geschenkten Sparbüchern nur unter Anrechnung einer fiktiven Schenkungssteuer rückvergüten lassen. Damit wird Missbrauch (z. B. Aufteilung des Vermögens an Kleinkinder) vermieden.
Ab 1. Juli 2002 können Sie Beträge ab € 14.535,–/ATS 200.000,– nur mehr nach Klärung ihrer Identität beheben.

Die Auswirkungen der Anonymitäts-Aufhebung
Für die meisten von uns hat die Aufhebung der Anonymität keine großen Folgen, da Schenkungen bereits in der Vergangenheit von der Steueramnestie im Bereich der Schenkungssteuer erfasst waren. Vielmehr wird das Schenken von Geld erleichtert. Sollten Sie daher beabsichtigen, vor dem 30. Juni 2002 Geld zu schenken, so genügt es, die Summe auf ein Konto bei der Bank einzuzahlen und dieses Konto zu verschenken.
Beachten Sie aber, dass die Weitergabe von anonymen Sparbüchern ab dem 1. Juli 2002 mit einer Verwaltungsstrafe von bis zu € 21.802,–/ATS 300.000,– belegt ist und damit das Schenken von solchen Sparbüchern mehr oder weniger verhindert werden soll.

3. Die Termingeldeinlagen

Das sind befristete Einlagen, die Kreditinstituten für eine fest vereinbarte Laufzeit (auch Festgeld genannt) zur Verfügung gestellt werden. Diese Gelder liegen auf Girokonten, dienen jedoch nicht dem Zahlungsverkehr.
Vor allem Unternehmen greifen auf diese Veranlagungsform zurück, um temporär nicht benötigte liquide Mittel besser verzinst anzulegen. Die Verzinsung von Termingeldeinlagen richtet

sich nach den aktuellen Geldmarktzinssätzen und ist von der Höhe der Veranlagung sowie von der Laufzeit abhängig. Die üblichen Laufzeiten umfassen einen Zeitraum von einem bis zu zwölf Monaten.

Achtung, Falle!

Bei vorzeitiger Behebung müssen Sie mit Abzügen rechnen, die sich für gewöhnlich nach der nicht eingehaltenen Bindungsdauer richten. Kalkulieren Sie deshalb sehr genau Ihren Liquiditätsbedarf für die Dauer der Termingeldvereinbarung.

Mein Tipp:

Guthaben auf Girokonten werden nur mit einem sehr geringen Zinssatz oder überhaupt nicht verzinst. Weist Ihr Girokonto über längere Zeiträume höhere Guthabensstände aus, so sollten Sie für die momentan nicht benötigten Geldmittel Termingeldvereinbarungen treffen, um Ihre Erträge zu optimieren.

4. Das Bausparen

Die ersten österreichischen Bausparkassen wurden bereits 1929/30 gegründet. In den fünfziger und sechziger Jahren konnten die Beiträge an die Bausparkassen als Werbungskosten abgeschrieben werden. Der wahre Boom setzte jedoch erst anfangs der siebziger Jahre mit der Einführung der Bausparprämie ein. Die von den Bausparkassen verwalteten Gelder der Bausparer werden zweckgebunden für die Schaffung von Wohnraum in Form von zinsgünstigen Bauspardarlehen weitergegeben.
Obwohl die Höhe der staatlichen Prämie stark eingeschränkt wurde, zählt das Bausparen heute nach wie vor zu den beliebtesten Sparformen Österreichs. Die vom Staat bonifizierten Einzahlungen sind jedoch eingeschränkt und orientieren sich am jeweiligen Zinsniveau. Für das Jahr 2001 beträgt die Prämie 4,5 % der Einzahlung. Diese Prämie kann pro Person und Jahr für einen Höchstbetrag von € 1.000,–/ATS 13.760,– ausgenützt werden und beläuft sich auf € 45,–/ATS 619,–. Diese Prämie ist von

der Kapitalertragssteuer ausgenommen. Die Laufzeit beträgt sechs Jahre.
Es ist auch möglich, eine Einmalzahlung zu Sparbeginn für die gesamte Laufzeit zu leisten. Die staatliche Prämie wird jedoch jährlich gutgeschrieben.
Beim Abschluss eines Bausparvertrages wird eine Vertragssumme festgelegt. Diese umfasst einerseits mit ca. einem Drittel die zu erwartende Ansparleistung des Bausparers, anderseits hat der Bausparer für den restlichen Teil dieser Vertragssumme Anspruch auf ein Bauspardarlehen. Dieses kann ausschließlich nur widmungsgemäß verwendet werden, etwa für den Kauf eines Baugrundstückes, für den Erwerb einer Eigentumswohnung, für die Errichtung eines Eigenheimes, für Zu- und Ausbauten, für Erbteilsauszahlungen usw.

Achtung, Falle!

Sollten Sie den Bausparvertrag vorzeitig kündigen, müssen Sie die staatliche Prämie komplett zurückerstatten, wenn Sie das Geld nicht für die Schaffung von Wohnraum verwenden. Zusätzlich verrechen die Bausparkassen Ihnen einen Abschlag in Form eines „Verwaltungskostenbeitrages". Dadurch wird Ihr Ertrag nochmals geringer. Bitte beachten Sie, dass die staatliche Prämie nur für Ihre „jährliche Einzahlung" gewährt wird. Das gesamte kumulierte Kapital wird somit nicht jährlich mit 4,5 % Prämie plus 3 % Verzinsung durch die Bausparkasse verzinst, sondern mit Ausnahme der jährlichen Einzahlung nur mit 3 %. Von der Kapitalertragssteuer befreit ist nur die staatliche Prämie. Für den in Summe wesentlich höheren Zinsenanteil muss die Kapitalertragssteuer in voller Höhe abgeführt werden. Dadurch wird die durchschnittliche Gesamtrendite erheblich geschmälert.

Mein Tipp:

Durch den beschränkten Anteil an staatlicher Prämie ist das Bausparen als Sparform automatisch nur eingeschränkt möglich, es ist für Sparziele in diesem Rahmen bis zu sechs Jahren aber trotzdem interessant.

Für die längerfristige Vermögensbildung ist Bausparen nicht geeignet. Es ist in vielen Familien Tradition, schon für Neugeborene Bausparverträge abzuschließen. Damit will man Geld für das spätere Studium, die Hausstandsgründung usw. durch relativ geringe monatliche Ansparraten ansammeln. Hier handelt es sich daher um sehr langfristige Sparziele.
Ich empfehle Ihnen gerade in diesen Fällen Investmentfonds mit einem sehr hohem Aktienanteil sogar bis zu 100 % zu bevorzugen. Durch die höheren Ertragserwartungen gerade bei langen Laufzeiten von 20 Jahren und darüber werden Sie auch ohne staatliche Prämien zu einer wesentlich höheren Vermögensbildung kommen.

Welche Auswirkungen hat der Zinseszinseffekt?

Vergleichen Sie bei den folgenden Beispielen die Rendite und die damit verbundene Ertragserwartung (in absoluten Zahlen). Sie können diesen Trend noch besser nachvollziehen.
Bei der einmaligen Veranlagung eines Betrages von € 50.000,–/ ATS 688.015,– ergeben sich folgende Wertsteigerungen. Die Erträge werden nicht ausgeschüttet, sondern wieder veranlagt (thesauriert).

Anlageform:	10 Jahre	15 Jahre	20 Jahre	25 Jahre	30 Jahre
Sparbuch	64.004 €	72.414 €	81.931 €	92.697 €	104.878 €
2,5 % netto	880.714 ATS	996.438 ATS	1.127.395 ATS	1.275.538 ATS	1.443.152 ATS
Anleihen u. Österr. Er/Ablebens-					
versicherung 5,0 % netto	81.444 €	103.946 €	132.665 €	169.317 €	216.097 €
	1.120.693 ATS	1.430.328 ATS	1.825.510 ATS	2.329.852 ATS	2.973.559 ATS
Aktieninvestment	129.687 €	208.862 €	336.375 €	541.735 €	872.470 €
10 % netto	1.784.532 ATS	2.874.003 ATS	4.628.621 ATS	7.454.436 ATS	12.005.449 ATS

Wie viel Geld die „vorsichtige“ Art des Sparens via Sparbuch über einen längeren Zeitraum an Profit kosten kann, zeigt auch das folgende Beispiel. Bei einer monatlichen Veranlagung von € 300,–/4.128,09 ATS ergeben sich folgende Wertsteigerungen zwischen Sparbuch, Anleihen und Aktieninvestment, wobei jeweils die Erträge wieder veranlagt werden.

Anlageform:	10 Jahre	15 Jahre	20 Jahre	25 Jahre	30 Jahre
Sparbuch	40.852 €	65.437 €	93.293 €	124.852 €	160.610 €
2,5 % netto	562.136 ATS	900.433 ATS	1.283.740 ATS	1.718.001 ATS	2.210.042 ATS
Anleihen u. Österr. Er/Ablebens-versicherung 5,0 % netto	46.584 €	80.186 €	123.310 €	178.652 €	249.677 €
	641.010 ATS	1.133.386 ATS	1.696.782 ATS	2.458.305 ATS	3.435.630 ATS
Aktierninvestment	61.453 €	124.341 €	227.810 €	398.050 €	678.146 €
10 % netto	845.612 ATS	1.710.969 ATS	3.134.734 ATS	5.477.287 ATS	9.331.492 ATS

5. Die Anleihen

Auch der Anleihenmarkt wird in Zukunft attraktiver werden, da die Industrie viele klassische Bankkredite (man spricht von ca. 25 %) durch Unternehmensanleihen ersetzen will.

Zu den „Anleihen“ gehören

- Bonds,
- Obligationen,
- festverzinsliche Wertpapiere,
- Rentenpapiere und
- Schuldverschreibungen.

In den meisten Fällen handelt es sich um Schuldverschreibungen. Dem Schuldner (Staat, Bank, Industrie usw.) werden langfristige Finanzierungsmittel zur Verfügung gestellt. Diese Aussteller (= Emittenten) verpflichten sich, den Käufern oder den Inhabern dieser Anleihen Zinsen zu bezahlen und das Kapital bei Laufzeitende zu tilgen. Anleihen notieren in Prozent. Der Käufer erwirbt einen Nominalwert. Entscheidend ist jedoch der zugrunde gelegte Kurswert. Ein Käufer erwirbt zum Beispiel eine Anleihe mit einem Nennwert von € 10.000,–/ATS 137.603,– bei einem Kurs von 97 % und bezahlt dafür € 9.700,–/ATS 133.475,–. Als Berechnungsgrundlage für die Verzinsung wird jedoch nicht der Kurswert, sondern der Nominal- oder Nennwert herangezogen.

Floating-Rate-Note

Bei Anleihen mit variabler Verzinsung, den sogenannten Floatern, werden die Zinssätze in regelmäßigen Abständen (z. B. vierteljährlich, halbjährlich, jährlich) an das aktuelle Marktzinsniveau angepasst. Als Indikator für die Anpassung werden beispielsweise herangezogen: der LIBOR (London Interbank Offered Rate = bankarbeitstäglich ermittelter kurzfristiger Durchschnittszinssatz, zu dem Banken bereit sind, Geld auszuleihen) oder der EURIBOR (European Interbank Offered Rate = kurzfristiger Zinssatz am Euro-Geldmarkt) oder die SMR (Sekundärmarktrendite – aus den einzelnen Anleihen, die sich im Umlauf befinden, wird regelmäßig eine durchschnittliche Sekundärmarktrendite ermittelt).

Nullkupon-Anleihe oder Zero-Bond
Dabei handelt es sich um eine mittel- bis langfristige Anleihe, für die es keine laufenden Zinsausschüttungen gibt. Diese Form einer Anleihe wird meist als Abzinsungspapier zu einem Preis unter dem Nennwert ausgegeben und bei Fälligkeit zum Nennwert zurückbezahlt. Für den Anleger ergibt sich als Differenz zwischen Ausgabepreis und Rückzahlungswert ein Gewinn. Dieser enthält den gesamten Zinsertrag der Anleihe.
Seltener kommen diese Nullkupon-Anleihen als Aufzinsungspapiere auf den Markt. Diese werden zum Nominal- oder Nennwert ausgegeben und bei Ablauf der vereinbarten Laufzeit zu einem bestimmten Kurs über dem Nominalwert zurückbezahlt.

High-Yield-Bond
Das sind Anleihen mit besonders hoher Rendite. Derart hohe Anleihenrenditen sind jedoch nur erzielbar, wenn der Anleger bereit ist, ein hohes Risiko zu tragen. Diese Risiken können sein:

- das Bonitätsrisiko des Emittenten,
- das Währungsrisiko bei Fremdwährungsanleihen,
- in politisch instabilen Ländern auch das politische Risiko.

Es handelt sich um eine sehr spekulative Anlageform.

Achtung, Falle!

Anleihen werden generell den konservativen Wertpapieren zugeordnet. Aber Vorsicht: auch bei Anleihen sind Risken zu beachten.

Die Risiken bei Anleihen

Das Währungsrisiko

Bei Kauf einer Fremdwährungsanleihe wird der aktuelle Devisenkurs zugrunde gelegt. Bei längeren Laufzeiten ist die Entwicklung des Kurses dieser Fremdwährung schwer vorhersehbar. Ist er zum Zeitpunkt der Tilgung höher als der Ankaufskurs, so profitieren Sie von dieser Währungsaufwertung und erhalten einen höheren Erlös zurückbezahlt. Ist der Kurs zum Zeitpunkt der Tilgung jedoch niedriger als der Ankaufskurs, so bringt das Verluste.

Das Zinsänderungsrisiko

Dieses Risiko ergibt sich durch ebenfalls kaum vorhersehbare Veränderungen in der Zinsenlandschaft. Steigen die Zinssätze, so wird Ihre festverzinsliche Anleihe weniger wert. Ersichtlich wird diese Wertminderung durch einen niedrigeren Kurswert. Dieser Verlust ist bei einem Verkauf vor dem Laufzeitende für Sie wichtig. Sie bekommen in diesem Falle nicht das gesamte eingesetzte Kapital zurückbezahlt, sondern den zum Zeitpunkt des Verkaufes niedrigeren Gegenwert. Behalten Sie die Anleihe bis zum Ende der Laufzeit, so müssen Sie mit einer nicht mehr marktkonformen Verzinsung zufrieden sein, bekommen jedoch vom Emittenten 100 % des Nominales zurückbezahlt. Ob es günstiger ist, trotz Kursverlust auszusteigen und in eine höher verzinste Anleihe zu investieren oder diese bis zum Ablauf zu behalten, kann nur im Einzelfall hochgerechnet und beurteilt werden.

Das Schuldnerrisiko

Sollte der Emittent (Staat, Land, Banken, Industrie usw.), der die Anleihen begeben hat, in wirtschaftliche Probleme geraten, so kann der Fall eintreten, dass Sie Ihr eingesetztes Geld nicht mehr oder nur zum Teil zurückbekommen. Ein höheres Risiko bei den Emittenten wird jedoch durch höhere Zinssätze belohnt, da nur dann Käufer bereit sind, diese riskanteren Anleihen zu erwerben, wenn entsprechend bessere Ertragsmöglichkeiten geboten werden.

Das Liquiditätsrisiko

Die Handelbarkeit von Anleihen kann durch verschiedene Umstände (Marktsituation, Restlaufzeit, Branche usw). beeinträchtigt sein und sie können dadurch schwer veräußerbar werden. Ein vorzeitiger Verkauf ist unter Umständen nicht oder nur teilweise möglich, und die Anleihe müsste dann von Ihnen bis zum Laufzeitende gehalten werden.

Mein Tipp:

Investieren Sie in Anleihen nur, wenn Sie das eingesetzte Kapital längere Zeit nicht benötigen, da bei kurzfristigen Engagements die Erträge durch die Transaktionskosten wesentlich geschmälert werden. Sind Sie an regelmäßigen Ausschüttungen interessiert, so empfiehlt sich die Veranlagung in Anleihen. Beachten Sie für den Einstiegszeitpunkt die langfristige Zinsenentwicklung. Sie werden wahrscheinlich nie den optimalen Zeitpunkt für Ihre Investitionen erwischen, können aber bei einem Einstieg bei einem höheren Zinsniveau langfristig Ihre Erträge wesentlich verbessern.

Ideal ist der Kauf von höher verzinsten, neu aufgelegten Forderungspapieren, die bis zum Ende der Laufzeit nicht verkauft werden, da kaum Spesen anfallen und die gesamte Laufzeit hindurch gleich bleibende Erträge lukriert werden können. Auch spielt in diesem Fall das Kursrisiko keine Rolle, da der eingesetzte Betrag bei Ablauf in voller Höhe zurückbezahlt wird. Müssen Sie trotzdem vorzeitig aussteigen, so hält sich bei höher verzinsten Anleihen das Kursrisiko in Grenzen.

Achten Sie auf die Qualität des Schuldners oder Emittenten. Lockangebote mit deutlich über dem Durchschnitt liegenden Erträgen sind genau zu prüfen, da gerade bei Industrieanleihen (siehe High-Yield-Bonds) die Risiken entsprechend höher zu bewerten sind.

6. Die Aktien

Eine Aktie verbrieft die Beteiligung an einem Unternehmen. Als Aktionär sind sie Mitbesitzer einer Aktiengesellschaft (am Grundkapital = gezeichnetes Kapital) und nehmen am Unternehmenserfolg teil.

Die Unternehmen geben Aktien aus, um sich Kapital zu beschaffen. Dieses ist dem Eigenkapital zuzuordnen und verbessert die wirtschaftliche Situation des Betriebs. Denn im Gegensatz zu Kreditverbindlichkeiten sind keine fixen Zinszahlungen zu leisten. Dividenden müssen nur dann an die Aktionäre ausgeschüttet werden, wenn diese tatsächlich erwirtschaftet wurden. Bei börsennotierten Unternehmen kann ein weiterer Eigenkapital-Bedarf durch weitere Kapitalerhöhungen aufgebracht werden.
Die Anteile können in Form von Nennwert- oder Stückaktien in den Handel gebracht werden. International die meiste Verbreitung genießt die Stückaktie. Das heißt, das Grundkapital der Aktiengesellschaft wird durch die Anzahl der Aktien dividiert. Daraus ergibt sich der rechnerische Nennwert pro Stückaktie.
Aktien können als Inhaberaktien verbrieft werden. Bei dieser Form ist der Name des Aktionärs weder auf der Urkunde noch in den Büchern der Aktiengesellschaft vermerkt. Bei den Namensaktien hingegen wird der Name des Aktionärs im Aktienbuch der Aktiengesellschaft erfasst. Das hat für die Aktiengesellschaft den Vorteil, dass die Aktionäre bekannt sind und dadurch heimliche Übernahmen nicht möglich sind. Auch die Betreuung der Aktionäre ist einfacher, da diese direkt kontaktiert werden können.
Der Aktionär hat zahlreiche Rechte. So kann er an der jährlich stattfindenden Hauptversammlung teilnehmen und vom Vorstand Auskunft über Fragen des Unternehmens verlangen. Erwirtschaftet die Aktiengesellschaft Gewinne, so hat der Aktionär Anspruch auf seinen Gewinnanteil, der als Dividende bezeichnet wird.
Sollte die Aktiengesellschaft aufgelöst werden, so können die Aktionäre einen anteiligen Anspruch am Liquidationserlös geltend machen. Bei Kapitalerhöhungen haben Sie Anspruch auf den Bezug von jungen Aktien.
Diese Rechte werden den Inhabern von Stammaktien eingeräumt. Darüber hinaus können aber auch Vorzugsaktien emittiert werden, die, wie der Name sagt, Vorzüge gegenüber den Stammaktien haben. Dieser Vorzug kann in einer höheren Rendite liegen, kann ein mehrfaches Stimmrecht verbriefen oder eine Bevorzugung bei der Aufteilung des Liquiditätserlöses bedeuten. Üblich ist es jedoch, dass Vorzugsaktien einen Dividendenvorzug

genießen. Sollte auf Grund wirtschaftlicher Probleme die Mindestdividende nicht zur Auszahlung gelangen, müssen in den folgenden Jahren Nachzahlungen gewährt werden. Dafür wird das Stimmrecht bei den Hauptversammlungen ausgeschlossen.
Ein Teil des Ertrages beim Investment in Aktien ist die Gewinnausschüttung. Diese wird bei der Hauptversammlung beschlossen und gelangt in Form von Dividenden zur Auszahlung. Dabei ist zu beachten, dass die Höhe entweder in einem absoluten Betrag pro Einzelaktie oder in Prozent des Nominales angegeben ist. In Bezug auf den meist höheren Aktienkurs liegt die tatsächliche Dividendenrendite deutlich unter der angegebenen Rendite. Das für den langfristigen Anleger wesentlich höhere Ertragspotenzial ergibt sich aus der künftigen Kursentwicklung der Aktien.

Der Inflationsschutz
Durch das Miteigentum an der Aktiengesellschaft und die beschriebenen Rechte ist die Investition in Aktien ein optimaler Schutz gegen die Inflation. So können Sie der schleichenden Geldentwertung begegnen.

Der Aktienhandel
Dieser erfolgt über die Börse und unterliegt den jeweiligen Vorschriften und Gepflogenheiten. Sie betreffen zum Beispiel die Orderarten, die Valutaregelungen, die Schlusseinheiten usw.
Das Prinzip der Börse ist einfach: Entweder bieten Sie als Verkäufer Aktien zum Kauf an, oder Sie versuchen als Käufer, Aktien zu erwerben. Für die Kursbildung ist nun entscheidend, wie sich das Verhältnis zwischen Angebot und Nachfrage darstellt. Der Handel an der Börse wird nicht direkt zwischen Käufer und Verkäufer durchgeführt, sondern von Händlern betrieben.
Der Aktienkäufer ist ein Optimist, der einen positiven Geschäftsverlauf der Aktiengesellschaft erwartet. Der Verkäufer von Aktien sieht die weitere Entwicklung pessimistisch und bietet deshalb seine Aktien zum Verkauf an. Präsentiert ein Unternehmen sehr gute Unternehmenskennzahlen (Bilanzen usw.) oder vielversprechende Produkte, so werden die Aktien dieses Unternehmens sehr begehrt, die Nachfrage wird entsprechend groß sein. Die In-

haber werden ihre Aktien behalten wollen, und so entsteht ein Engpass, der die Kurse im Sinne von Angebot und Nachfrage nach oben treibt.
Umgekehrt ist die Reaktion auf schlechte Nachrichten (Markteinbrüche, Gewinnwarnungen, Probleme mit dem Management usw.). Viele Investoren wollen in dieser Situation ihre Aktien verkaufen. Es entsteht ein Überschuss an zum Verkauf angebotenen Aktien und führt zu einer niedrigeren Kursbildung.
Liest man die Kurstabellen im Wirtschaftsteil von Zeitungen und Magazinen, kann man feststellen, dass sich bei manchen der hier dargestellten Kurse Zusätze befinden. z. B. „EB“ und „ED“. EB heißt „ex Bezugsrecht“ und gibt an, dass bei Kapitalerhöhungen der Wert des Bezugsrechtes am Tag, an dem das Bezugsrecht endet, vom Kurs der Aktie abgezogen wurde.
Der Wert des Bezugsrechtes ist von mehreren Faktoren abhängig: zum Beispiel vom Kurs usw.
„ED“ bedeutet „ex Dividende“ und weist darauf hin, dass ein Kursabschlag in Höhe der von der Hauptversammlung beschlossenen Dividende vorgenommen wurde.
Neben der Börse gibt es noch den außerbörslichen Aktienhandel der Banken. Er betrifft den Endverbraucher nicht.

Achtung, Falle!

Aktienkurse unterliegen sehr großen Schwankungen und können von vielen nicht vorhersehbaren Faktoren beeinflusst werden, von wirtschaftlichen Einbrüchen der Absatzmärkte, von politischer Instabilität und Einflussnahme auf börsennotierte Unternehmen, von Umweltkatastrophen, um nur einige zu nennen.
Auch unternehmensinterne Probleme wie etwa unprofessionelles Management, fehlende oder mangelhafte Controllingeinrichtungen, versäumte Umstrukturierungsmaßnahmen auf geänderte Marktverhältnisse usw. sind gravierende Einflussfaktoren, welche die künftige Entwicklung eines Unternehmens und somit die Börsenkursentwicklung maßgeblich beeinflussen.

Die größte Gefahr ist jedoch, „kurzfristig" auf Spekulationsgewinne zu hoffen und dafür Geld einzusetzen, das in absehbarer Zeit für andere Zwecke benötigt wird. Noch schlimmer ist es, das Kapital für den Kauf von Aktien, in der Hoffnung auf einen schnellen Gewinn, durch Aufnahme von Krediten zu finanzieren. Ganz „Mutige" verzichten auf die Streuung auf mehrere Einzeltitel, Branchen und Märkte, sie investieren in Einzelaktien, meist auf Grund von „ganz sicheren Insidertipps". Den Ausgang können Sie sich vorstellen ...
Die Diskussion um die künftige Finanzierbarkeit unseres staatlichen Pensionssystems erschüttert derzeit unsere sozialen Grundfesten, wir werden in den nächsten Jahren zu dramatischem Umdenken gezwungen werden, das auch uns geradewegs zu Wertpapieren, Investmentfonds usw. führen wird.

Wer kauft österreichische Aktien?

- Ein geringer Prozentsatz (7,5 %) Privatanleger,
- die österreichischen Pensionsversicherungen,
- internationale Broker, die allerdings nur eine geringe Gewichtung Österreichs in den Portfolios von internationalen institutionellen Anlegern vorsehen,
- einige österreichische Investmentfonds, die auch österreichische Aktien in ihr Portfolio streuen.

Soll ich in österreichische Aktien investieren?
Trotz all dem oben Gesagten: ja.

- Sie müssen allerdings beachten, dass der österreichische Kapitalmarkt im Vergleich zu anderen europäischen Ländern unterentwickelt ist, weil die Unternehmensstruktur aus meist nicht börsennotierten Klein- und Mittelbetrieben besteht.
- Ferner werden in zunehmendem Maße österreichische Unternehmungen von ausländischen Käufern übernommen und verschwinden somit vom Kurszettel der Wiener Börse. Durch die generell sehr niedrige Bewertung an der Wiener Börse ist es für ausländische Interessenten leichter, unsere heimischen Betriebe aufzukaufen. Im Vergleichszeitraum von vier Jahren wurden um die 100 (!) inländische Unternehmen mehr an ausländische verkauft als umgekehrt.

Die Attraktivität der Wiener Börse wird auch durch folgende Umstände beeinträchtigt:

- Es fehlen in Österreich attraktive Börsennotierungen von Wachstumswerten und internationalen Branchenführern, sogenannte „Blue Chips".
- Der Streubesitz im freien Handel ist sehr gering.
- Die Gewinnentwicklung der börsennotierten heimischen Unternehmen liegt deutlich unter jener der fünfzig größten europäischen Unternehmen.

Dennoch, und jetzt komme ich auf meine Empfehlung von oben zurück, sollten Sie österreichische Aktien in Ihr Portfolio nehmen. Ich bin felsenfest davon überzeugt, dass wir innerhalb von fünf Jahren eine sehr positive Entwicklung am österreichischen Kapitalmarkt erwarten können, verursacht durch folgende Umstände:

- Das Bundesministerium für Finanzen, die Oesterreichische Nationalbank und die Wiener Börse AG wollen rasch Verbesserungsmaßnahmen für den österreichischen Kapitalmarkt herbeiführen.
- Die hinlänglich bekannte Pensionsproblematik und dadurch notwendige Reformen sowie die Eigenvorsorge der Bevölkerung werden zwingend das Anlegerverhalten ändern. Es wird viel mehr Geld als bisher in die Kapitalmärkte, so auch in den österreichischen, fließen. Speziell beim Thema Altersvorsorge wird kein Weg an Wertpapieren, insbesondere an Aktien, vorbeiführen. Diese Nachfrage wird die Börse beleben.
- Auch die geplanten Privatisierungen (Österreich hinkt da der europäischen Entwicklung noch viele Jahre nach) beflügeln die Fantasie am Kapitalmarkt.

Fehler der jüngeren Vergangenheit (z.B. die Privatisierung der Telekom und ihre so stark propagierte „Volksaktie", die dann letztendlich so gar nicht volksfreundlich war), müssen allerdings ebenfalls berücksichtigt werden. Auch der geplante Schritt, die Abfertigungsrückstellungen in Pensionskassen einzubringen, wird Liquidität freisetzen. Diese werden zumindest teilweise in Österreich investieren.

Mein Tipp:

Die Grundvoraussetzung für eine erfolgreiche Geldanlage in Aktien ist es, längerfristig zu planen. Am besten ab fünf Jahren, idealerweise ab einem Zeitraum von zehn Jahren. Das eingesetzte Kapital sollte zumindest auf mehrere Aktien aufgeteilt werden. Je länger die Laufzeit, umso größer ist die Wahrscheinlichkeit, keinen Kapitalverlust zu erleiden und hinsichtlich des Ertrages andere Anlageformen weit hinter sich zu lassen. Deshalb eignen sich Aktien ganz besonders für längerfristige Vorsorgemaßnahmen. Um eine breite Risikostreuung zu erreichen und ein professionelles Management für sich arbeiten zu lassen, empfehle ich die Veranlagung in Investmentfonds.

7. Die Investmentfonds

Beim Investmentfonds stellen Anleger einer Kapitalanlagegesellschaft (KAG) Geld zur Verfügung. Dieses wird in einem „Sondervermögen“ angelegt. Das bedeutet, dass niemand Zugriff auf diese Einlage hat und sogar im Falle des Konkurses der Gesellschaft das Geld zu Gunsten der Investmentfondsbesitzer von der Konkursmasse abgesondert wird. Die zum Kauf angebotenen Investmentzertifikate verbriefen einen bestimmten Anteil an diesem Sondervermögen. Der Käufer wird Anteilseigner und profitiert von der Wertsteigerung des Fondsvermögens.

Der Fondsmanager kauft mit diesem Geld je nach Fondstyp zum Beispiel Aktien, Anleihen oder Immobilien und versucht, möglichst hohe Renditen (Performance oder Wertzuwachs) zu erwirtschaften.

Die häufigsten Fondsarten

- Aktienfonds – Veranlagung in Aktien
- Rentenfonds – Veranlagung in Anleihen
- Gemischte Fonds – Veranlagung in Aktien und Anleihen

Der Anlageschwerpunkt muss von der Aufsichtsbehörde genehmigt werden, das heißt, sämtliche darin enthaltenen Informationen sind behördlich genau überprüft.

Investmentfonds haben den sehr großen Vorteil, dass bereits bei

relativ geringem Anlagevolumen eine sehr breite Streuung verschiedener Wertpapiere, Branchen, Märkte oder Regionen erreicht wird. Der Käufer von Investmentanteilen delegiert die Arbeit und die Anlageentscheidung an professionelle Fondsmanager. Sie müssen sich also als Kunde nicht mit dem aktuellen Börsengeschehen auseinander setzen. Bei den meisten Banken und Investmentfondsgesellschaften ist es möglich, im Rahmen eines Sparprogramms regelmäßig kleinere Beträge anzusparen, die wiederum in Investmentfondsanteile investiert werden. Bei dieser Form profitiert der Anleger zusätzlich vom Cost Average-Effekt, das heißt, es wird immer ein gleich bleibender Betrag angespart. Damit werden bei niedrigen Kursen viele Fondsanteile gekauft, bei hohen Kursen entsprechend weniger. So ergibt sich im Laufe der Jahre für den Anleger ein sehr günstiger Durchschnittskostensatz. Die Kapitalanlagegesellschaft steuert über ihr Fondsmanagement durch die getroffene Anlageentscheidung die Performance (= Wertzuwachs) des Vermögens. Bei Vergleichen sollten Sie jedoch darauf achten, dass diese nur in Zusammenhang mit dem Risiko gesehen werden dürfen. Dies bedeutet zum Beispiel bei Aktienfonds, dass durch die Veranlagung in Aktien hohe Renditechancen gegeben sind, aber auch Kursverluste eintreten können.
Die Kapitalanlagegesellschaft (KAG) ermittelt börsentäglich den Wert des Sondervermögens. Dieses setzt sich aus dem aktuellen Kurswert der Wertpapiere, dem Barvermögen, den Zinsansprüchen usw. zusammen. Die dabei ermittelte Gesamtsumme wird durch die Anzahl der ausgegebenen Anteile dividiert und ergibt den Rückkaufswert des einzelnen Investmentfondsanteiles. Diesen so ermittelten Wert erhält der Anleger beim Verkauf oder der Rückgabe seiner Anteile.
Bei Wertpapierfonds haben Sie als Anleger das Recht, die Anteile jederzeit an die Kapitalanlagegesellschaft zurückgeben zu können. Beim Kauf von Investmentanteilen wird dem Kurswert bei den meisten Fonds noch ein Ausgabeaufschlag hinzugerechnet. Das erklärt den höheren Ankaufskurs von Investmentfondszertifikaten. Dieser Aufschlag dient der Kapitalanlagegesellschaft zur Finanzierung der Kosten. Diese sind von Fonds zu Fonds unter-

schiedlich. Aktienfonds liegen dabei mit bis zu 5,5 % Ausgabeaufschlag an der Spitze. Allerdings ist auch das Management entsprechend aufwändiger.
Zusätzlich werden laufende Gebühren für das Management und die Verwaltung verrechnet und mindern die Performance des Anlegers. Diese betragen je nach Fondstyp und KAG zwischen 0,25 % und 1,75 % jährlich. Bei einzelnen Fonds werden auch sogenannte Performancefees in Abzug gebracht. Dabei geht ein vorher definierter Prozentsatz der erreichten Performance als zusätzliche Bonifikation an die Kapitalanlagegesellschaft und/oder an das Fondsmanagement.
Eine empfehlenswerte Form für die langfristige Veranlagung ist der Aktienfonds. Diese Anlageform ist in ganz Europa immer noch stark unterentwickelt. Nur die Bewohner Großbritanniens bilden da eine Ausnahme. Wir Österreicher sind mit nur ca. 7,5 % unseres gesamten Sparkapitals in Aktien veranlagt. In den Vereinigten Staaten ist das völlig anders, dort sind es ca. 80 %. Die Begründung liegt in der staatlichen Pensionsvorsorge, deren Aufbringung in den USA im Vergleich zum europäischen Festland nicht beim Staat, sondern großteils beim Bürger liegt. So war der US-Bürger schon immer gezwungen, sein Geld in gewinnbringende, alternative Anlageformen zu stecken.

Der Anteil der Aktienfonds verzeichnet in Österreich ein kontinuierliches Wachstum. Er stieg im Zeitraum von 1992 bis 2000 von 2,45 % auf 14,37 % Anteil am Gesamtpublikumsfondsvolumen. Das sind jene Fonds, die für jedermann zur Zeichnung aufliegen.

Wie haben sich Aktienfonds in Österreich entwickelt?[11]

Jahresende	Aktienfonds		Aktien Österreich		Gesamtfondsvolumen
1992	262,83	2,45 %	26,33	0,25 %	10.709,96
1993	559,35	3,91 %	47,67	0,33 %	14.323,80
1994	731,02	4,46 %	58,54	0,36 %	16.376,22
1995	746,03	3,51 %	54,28	0,26 %	21.252,55
1996	1.101,90	3,98 %	70,87	0,26 %	27.676,63
1997	1.732,97	4,59 %	5,75	0,25 %	37.765,30
1998	3.605,72	7,05 %	201,29	0,39 %	51.166,09
1999	8.017,68	10,66 %	239,82	0,32 %	75.216,87
2000	12.158,40	14,37 %	206,30	0,24 %	84.608,76

Dachfonds oder Fund of Funds

Bei dieser Anlageform werden die Mittel nicht in einzelne Aktientitel investiert, sondern in Fondsanteile anderer Investmentgesellschaften. Dadurch ergibt sich die Möglichkeit einer noch breiteren Streuung des Anlagekapitals. Das bedeutet ein wesentlich eingeschränktes Risiko mit reduzierten Ertragsschwankungen. Es wird versucht, eine optimale Ertrags-Risiko-Aufteilung zu erreichen. Anders als bei Einzelfonds befasst sich das Fondsmanagement nicht mit der aufwendigen und schwierigen Auswahl von Einzeltiteln (Stockpicking), sondern versucht aus vielen Einzelfonds jene herauszufiltern, die die beste Performance erwarten lassen. Vorher wird die Asset Allocation bestimmt, also die Aufteilung des Fondsvermögens in Aktien, Rentenpapieren, Geldmarktanlagen, Länder, Währungen, Branchen usw. Es wird dadurch ein für den Anleger optimales Ertrags-Risiko-Portfolio kreiert.

Durch die Vielschichtigkeit der angebotenen Dachfonds werden die Bedürfnisse aller Anlegertypen mit den unterschiedlichsten Anlagezielen angesprochen.

Wollen Sie kein Risiko eingehen, besteht die Möglichkeit, in defensive Dachfonds mit einem sehr hohen Rentenanteil zu investieren. Haben Sie Appetit auf Risiko mit einem längeren Anlagehorizont (Zeitraum der Geldveranlagung), so werden Sie einen Dachfonds mit höherem Aktienanteil und niedrigerem Rentenanteil oder einen reinen Aktienfonds bevorzugen.

Bei passiv gemanagten Dachfonds finden wenig oder gar keine Veränderungen des Investitionsstils und der Zusammensetzung der Anlageformen innerhalb des Wertpapierdepots statt.
Bei aktiv gemanagten Dachfonds wird durch Korrekturen die Veranlagungsstrategie den aktuellen Marktveränderungen angepasst.

Achtung, Falle!

Fondsmanager halten sich nicht immer an die in ihren Prospekten angeführten Veranlagungsstrategien und können dadurch Verluste herbeiführen. Achten Sie deshalb bei der Auswahl der Fonds darauf, dass dieser in Österreich zugelassen ist. Recherchieren Sie in der Vergangenheit etwaige negative Schlagzeilen und vergleichen Sie jedenfalls mehrere Jahre rückwirkend die Kontinuität in der Performance im Vergleich zu ähnlich veranlagenden Fonds.

Also Achtung!

- Auch bei konservativen Fonds mit geringeren Schwankungen ist eine Anlagedauer von mehreren Jahren, zumindest von drei Jahren, vorteilhaft. Ansonsten kann es beim Verkauf zu Verlusten durch die verrechneten Spesen kommen.
- Beachten Sie den Unterschied zwischen Verkaufskurs und Rücknahmepreis. Dieser Differenzbetrag muss zuerst durch Wertsteigerungen des Zertifikates erreicht werden, um beim Verkauf ohne Kapitalverlust auszusteigen.
- Bei Fonds, die von Kapitalanlagegesellschaften von Banken aufgelegt werden, laufen Sie Gefahr, dass die Fondsmanager nicht ganz weisungsfrei agieren können. Oft müssen sie beim Kauf von Wertpapieren auf übergeordnete Interessen der Bank Rücksicht nehmen. Die Kosten treffen Sie als Anleger in Form einer schlechteren Performance.
- Passen Sie bei Portfolios von Dachfonds von Banken auf. In vielen Fällen werden die eigenen Fonds sehr stark gewichtet. Es ist klar, dass nicht jeder dieser eigenen Einzelfonds zu den Spitzenprodukten zählt. Wenn Ihnen der Bankbeamte erzählt, er hätte den Vorteil, die direkte Information im Haus nutzen zu können, so zählt das nicht wirklich. Die Chancen auf einen

guten oder sogar über dem Durchschnitt liegenden Ertrag sind bei jenen Dachfonds, die nur Fremdfonds aufnehmen, als besser zu bewerten. Eben deshalb, weil die eigenen Fonds dort nicht platziert werden können.

Mein Tipp:

Wollen Sie in einen Fonds erfolgreich investieren, ist es notwendig, vor der Entscheidung die Mindestveranlagungsdauer festzulegen. Je länger Sie Ihr Geld veranlagen, desto höher kann Ihr Aktienanteil sein. Bis zu einer Laufzeit von fünf Jahren empfehle ich Fonds, bei denen der größte Teil des Volumens in Rentenwerten oder kurzfristigen Geldmarktpapieren veranlagt ist. Aktien empfehle ich nicht, oder wenn, dann nur in einem kleinen Anteil. Bei einer Laufzeit, die länger als fünf Jahre ist, kann der Aktienanteil wesentlich erhöht werden. Ab zehn Jahren sind die Performanceaussichten mit Aktien durch kaum eine andere Anlageform zu übertreffen.
Definieren Sie sehr kritisch Ihr persönliches Risikoprofil. Sind Sie ein „Nummer-sicher-Typ", so rate ich Ihnen, von einer Anlage in einen reinen Aktienfonds trotz der langfristig besseren Ertragschancen ab. Wobei Sie auch zwischen den einzelnen Aktienfonds unterscheiden müssen. Es macht einen Unterschied, ob Sie Ihr Geld in „Klassiker" aus den verschiedensten Branchen – also in internationale Blue Chips oder in hoch spekulative Technologiewerte – angelegt haben. Grundsätzlich sind jedoch Aktieninvestments heftigeren Kursschwankungen unterworfen, die sich negativ auf Ihr sensibles Nervenkostüm auswirken können. Es soll schon Leute mit Panikreaktionen gegeben haben! Den Rest können Sie sich ja vorstellen. Ihre daraus resultierenden Panik-Verkäufe zu einem denkbar ungünstigen Zeitpunkt können Ihnen herbe Verluste bescheren.
Setzen Sie nicht Ihr ganzes Kapital auf eine Karte, sondern investieren Sie in verschiedene Fonds und achten Sie auf die Qualität des Fondsmanagements sowie der Kapitalanlagegesellschaft. In Fachzeitschriften (GEWINN, Trend-Beilagen, Option) gibt es immer wieder Rankings, die Ihnen die Ent-

scheidung erleichtern. Es ist nur logisch, dass auch die erfolgreichsten Fonds und deren Manager schlechte Phasen durchlaufen können. Das resultiert dann in Fehlentscheidungen und in Ihren Verlusten. Deshalb investieren Sie Ihr Geld in verschiedene Fonds, auch in Dachfonds. Damit werden Sie mit größerer Sicherheit Ihr persönliches Sparziel erreichen.
Feilschen Sie bei den Spesen. Vergleiche zeigen, dass die in den Prospekten angeführten Ausgabeaufschläge „verhandelbar" sind. Durch konsequente Verhandlungen können sehr wohl Abschläge erreicht werden. Die Zeitschrift GELDidee unterzog vor einiger Zeit die wichtigsten Fondsanbieter einem breit angelegten Test. Das Ergebnis: Sehr viele Fonds waren mit Rabatt erhältlich. Aber es kommt noch besser: Gleiche Fonds kosten bei verschiedenen Anbietern bis zu 70 % (!!!) mehr.

8. Die Lebensversicherungen

Eine sehr verbreitete Form, Geld zu „parken", ist die Lebensversicherung. Diese wird angeboten

- als reine Kapitallebensversicherung,
- als fondsgebundene Kapitallebensversicherung und
- als private Rentenversicherung.

Die Kapitallebensversicherung

Diese ist eine Mischung aus Ablebensschutz in Form einer Risikolebensversicherung und eines Ansparvertrages. Die aggressive Verkaufspolitik der Versicherungsgesellschaften und ein sehr dichtes Vertriebsnetz hat dieser Form der Vorsorge den Einzug in viele Privathaushalte ermöglicht.
Die Kapitallebensversicherungen sind für die Versicherungen ein sehr lukratives Geschäftsfeld. Ich persönlich empfehle den Anlegern jedoch aus gutem Grund in den meisten Fällen alternative Sparvarianten wie Fondssparprogramme usw.
Im Verkauf von Versicherungen lassen sich fette Prämien verdienen, das heißt, bei relativ geringem Beratungsaufwand und ebensolch schlichtem Know-how gibt es überproportional hohe Verkaufsprovisionen. Diese sind höher als jene von sonstigen

zu machen. Der Vorteil für den Versicherungsnehmer ist, dass der Aufbau des Vermögens mit der Risikoabsicherung in einem Produkt angeboten wird. Je nach Auswahl des Investmentfonds können damit auch steuerliche Vorteile verbunden sein. Im Unterschied zu der traditionellen Kapitallebensversicherung hat der Investor die Möglichkeit, in ein Portfolio mit einem hohen Aktienanteil zu investieren und damit langfristig bessere Ergebnisse zu erzielen. Mit dem Großteil des einbezahlten Geldes werden Investmentfondsanteile gekauft. Der Versicherungsnehmer hat bei vielen Gesellschaften auch ein Mitbestimmungsrecht bei der Auswahl derselben. Die künftige Wertentwicklung ist deshalb wesentlich transparenter und auch nicht auf die in Aussicht gestellten nicht sehr üppigen Gewinnanteile von Kapitallebensversicherungen einzementiert.

Achtung Falle:

Die Versicherungsgesellschaften setzen große Hoffnung auf dieses Produkt, sie wollen mit dieser Kombination aus Fondssparplan und Versicherungsschutz am riesigen Kuchen „Vorsorge" mitnaschen. Überdurchschnittliche Renditen wie bei einem reinen Fondssparprogramm können allerdings nicht erzielt werden, da die Verwaltung große Teile auffrisst. Kaum ein Berater wird Ihnen sagen, dass nur ein Teil der Prämien veranlagt und ein weiterer für die Verwaltung und Provisionen abgezogen wird.

9. Der Terminmarkt

Der Betreiber einer Kaffeeplantage erntet seine Kaffeebohnen in drei Monaten. Er befürchtet, dass bis zu diesem Zeitpunkt die Preise fallen könnten.
Der Käufer des Rohproduktes Kaffee, eine internationale Handelskette, geht davon aus, dass der Kaffeepreis in den nächsten Monaten steigen wird.
Damit sich beide Handelspartner gegen eventuelle Preisveränderungen zum Zeitpunkt der Ernte schützen, schließen Sie das Geschäft sofort ab und fixieren die Liefermenge, den Preis und den Liefertermin (Erntezeit). Die Erfüllung des Geschäftes, in

Form der tatsächlichen Auslieferung des Kaffees, erfolgt jedoch erst nach dem Einbringen der Ernte.
Schließen Sie dieses Geschäft in Form einer „Option“ ab, so kann die Handelskette die Ware zum Zeitpunkt der Lieferung zum ursprünglich vereinbarten Preis kaufen. Sollte der Kaffeepreis fallen, muss der Händler die Option nicht ausüben. Das heißt, er hat die Möglichkeit, den Kaffee zum billigeren aktuellen Preis zu erwerben. Dieses Recht kostet natürlich Geld: die so genannte „Optionsprämie“.
Übt die Handelskette ihr Recht aus dieser Option nicht aus, so verfällt sie. Dieses Grundprinzip des „Warentermingeschäftes“ gilt genauso für Wertpapiere. Der Handel mit diesen Rechten und Pflichten wird an der Österr. Termin- und Optionsbörse abgewickelt.
Die notwendigen Instrumente, um diesen Handel durchzuführen, heißen Derivate. Dabei werden nicht die Wertpapiere gehandelt, sondern Optionen und Futures, die die Rechte und Pflichten dieser Geschäfte genau verbriefen.
Dies sind hoch spekulative Handelsgeschäfte, da man dabei sehr leicht sein gesamtes eingesetztes Geld verlieren kann.
Bei Optionen können die Rechte ausgeübt werden, müssen jedoch nicht. Bei den Futures hingegen sind die Inhaber verpflichtet, am Ende der Laufzeit zu liefern oder zu bezahlen.

CALL- und PUT-Optionen

Bei Call-Optionen hat der Käufer das Recht, eine Aktie in einer bestimmten Zeitspanne oder zu einem bestimmten Zeitpunkt zu einem genau fixierten Preis zu kaufen. Für dieses Recht muss ein Entgelt in Form eines Optionspreises an den Verkäufer dieser Option bezahlt werden. Der Käufer einer Call-Option spekuliert auf steigende Börsenkurse, der Verkäufer hingegen erwartet fallende Börsenkurse.
Bei Put-Optionen hat der Käufer das Recht, Aktien in einer bestimmten Zeitspanne oder zu einem bestimmten Zeitpunkt zu einem genau fixierten Preis zu verkaufen. Dieses Recht wird ebenfalls durch den Optionspreis bezahlt.
In diesem Fall spekuliert der Käufer auf fallende Börsenkurse, der Verkäufer jedoch auf steigende.

Achtung: Trotz fallender Börsenkurse können Sie mit den Put-Optionen Geld verdienen.

Optionsscheine (Warrants)
Der Unterschied zu Optionen liegt darin, dass diese ganz genauen Spielregeln unterworfen sind, die Optionsscheine jedoch davon abweichen, zum Beispiel durch längere Laufzeiten. Die Optionsscheine werden deshalb nicht an der Österreichischen Termin- und Optionenbörse (ÖTOB Market) gehandelt, sondern in einem eigenen Börsensegment an der Wiener Börse, dem „Warrants Market".

Hebelwirkung oder Leverage-Effekt
Was ist der Grund, dass Anleger trotz der enormen Risiken immer wieder bereit sind, Geld in Derivate zu investieren? Das Phänomen bei Optionen ist, dass Veränderungen der Börsenkurse von Aktien prozentuell stärkere Veränderungen bei den Kursen von Optionsscheinen nach sich ziehen.
Hier ein einfaches Beispiel:
Stellen Sie sich vor, Sie glauben an steigende Kurse und kaufen an der Börse einen Optionsschein für die Aktie XY mit einem definierten Bezugsverhältnis von 1:1. Damit haben Sie das Recht, mit dieser Option eine Aktie zu erwerben.
Bei einem Aktienkurs von aktuell € 300,–/ATS 4.128,– und einem in der Option fixierten Bezugspreis von € 240,–/ATS 3.302,– bezahlen Sie für diesen Optionsschein einen Kurswert (Optionspreis) von € 60,–/ATS 826,–.
Nehmen wir an, der Aktienkurs würde um € 60,–/ATS 826,– auf € 360,–/ATS 4.954,– steigen. Dies entspricht einer Steigerung des Aktienkurses von 20 %.
Der Optionsscheinkurs steigt ebenfalls um € 60,–/ATS 826,– auf € 120,–/ATS 1.652,– (Aktienkurs minus Bezugspreis).
Die prozentuelle Steigerung des Optionsscheinkurses beträgt somit nicht 20, sondern 100 %. Sie erkennen deutlich die enorme Hebelwirkung. Bei diesem Beispiel wirkt sich die Kursveränderung beim Optionsschein (Hebel = 100:20) fünfmal so stark aus wie bei der Aktie.

Mit demselben Tempo geht es jedoch auch nach unten. Wäre bei unserem Beispiel der Aktienkurs um 20 % auf € 240,–/ATS 3.302,– gefallen, auch das soll schon vorgekommen sein, so wäre der Optionsschein genau € 0,– wert.

Achtung, Falle!

Auch wenn die Verlockungen von überdurchschnittlichen Gewinnen noch so groß sein mögen, lassen Sie die Hände von dieser hoch spekulativen Form der Veranlagung. Sie würden sich sehr rasch die Finger verbrennen und laufen Gefahr, nicht nur einen Teil, sondern Ihr gesamtes eingesetztes Kapital zu verlieren.

Mein Tipp:

Überlassen Sie das Geschäft mit Derivaten den Vollprofis. Denn nur diese haben das entsprechende Know-how.

Europa und das Geldgeschäft

Ziel der EU ist es, die Wertpapiermärkte durch einheitliche Standards interessanter zu gestalten. Es gibt zu Jahresende 2001 zwar eine gemeinsame Währung, jedoch noch keinen einheitlichen Markt, der es Finanzdienstleistern erlaubt, einheitliche Angebote zu erstellen. Der Kapitalmarkt hat deshalb in Europa trotz des Euro einen gewaltigen Nachteil gegenüber den USA. Die europäischen Finanzmärkte sind mit entsprechend verschiedenen Kostenstrukturen wie z. B. bei den Abwicklungsspesen bei Wertpapiertransaktionen noch immer völlig unterschiedlich. Besonders groß sind die Unterschiede bei den Pensionsvorsorgeprodukten. Auch die sehr wichtige Frage der betrieblichen Vorsorge wird von einer Kommission grenzüberschreitend geregelt. Der Aktionsplan des Europäischen Parlaments für Finanzdienstleistungen sieht insgesamt 40 Maßnahmen für einen künftig funktionierenden europäischen Finanzdienstleistungsmarkt vor, um den Finanz- und Kapitalmarkt anzukurbeln.
Durch die Umsetzung dieses Aktionsplanes sollen drei große strategische Ziele erreicht werden.

Die Vollendung eines einheitlichen Firmenkundenmarktes

In diese Kategorie fallen Maßnahmen zur Beseitigung der noch bestehenden Hemmnisse für die unionsweite Kapitalbeschaffung und die Schaffung eines gemeinsamen Rechtsrahmens für integrierte Wertpapier- und Derivatmärkte. Weiters sehr wichtig in dieser Kategorie ist die geplante Abänderung der Wertpapierdienstleistungsrichtlinie, da die Vorschriften an die neuen Finanzgegebenheiten angepasst werden müssen, um die Effizienz und Stabilität der Finanzmärkte zu wahren.

Die Entwicklung offener und sicherer Märkte für Finanzdienstleistungen im Privatkundenbereich

Der grenzüberschreitende Erwerb bzw. das Angebot von Finanzdienstleistungen stößt noch immer auf zahlreiche rechtliche, administrative und privatrechtliche Hindernisse. Praktische Maßnahmen sollen dafür Sorge tragen, dass diese so schnell wie möglich aus dem Weg geräumt werden. Der Verbraucherschutz soll durch mehr Information und Transparenz erhöht werden. Das ist gerade in einem Bereich wie dem elektronischen Geschäftsverkehr notwendig, für den es bis vor kurzem noch keine Regeln gab. Diesem Zweck dient auch die Richtlinie für den Fernabsatz von Finanzdienstleistungen.

Gewährleistung der Stabilität der EU-Märkte durch die Stärkung der Überwachungsstrukturen

Die rechtlichen Schutzbestimmungen müssen sowohl neuen Formen von Finanzrisiken als auch modernen Aufsichtspraktiken Rechnung tragen, um systemimmanente oder institutionelle Risiken begrenzt zu halten und sich den sich ändernden Marktgegebenheiten anzupassen. Hier geht es vor allem darum, die aufsichtsrechtlichen Regelungen für den Banken-, Versicherungs- und Wertpapiersektor europaweit auf den bestmöglichen Standard zu bringen.
Im Bereich der Bankenaufsicht ist besonders zu betonen, dass die Kommission Anfang 2001 eine zweite Konsultationsrunde zum neuen Kapitaladäquanz-Rahmen für Banken und Wertpapierfirmen eingeleitet hat.

Die Rationalisierung des EU-Legislativverfahrens im Finanzdienstleistungsbereich

Die notwendigen Ansätze für eine umfangreiche Reform der Finanzmärkte wurden von der Kommission entwickelt, eine Reihe von Maßnahmen wurde bereits angenommen. Der Prozess muss allerdings beschleunigt werden, damit alle Maßnahmen bis zum Jahr 2005 umgesetzt werden können. Die beim informellen Europäischen Rat in Stockholm erzielte Einigung über die Vorschläge der Lamfalussy-Weisengruppe über die Regulierung der Wertpapiermärkte beschleunigt diesen Prozess entsprechend.
Ausgangspunkt dieses Berichts der Weisengruppe war eine einfache Feststellung: Die Regulierungsbemühungen können den raschen technischen und sonstigen Entwicklungen auf den Finanzmärkten nicht gerecht werden, weil das europäische Regulierungsverfahren zu langsam, zu starr und teilweise zweideutig

ist und so zu einer unterschiedlichen Umsetzung führen kann. Baron Lamfalussys Vorschläge unternehmen nun den Versuch, im Rahmen des EU-Vertrages die Gesetzgebung für die Finanzmärkte effizienter, schneller und zweckmäßiger zu gestalten. Deshalb soll das Rechtssetzungsverfahren reformiert werden. In einer ersten Phase würden Parlament und Rat die Grundsätze für die inhaltliche Regelung festlegen. Die Durchführungsmodalitäten würden auf der zweiten Stufe beschlossen werden, wobei in jedem einzelnen Fall entschieden wird, welche Befugnisse genau übertragen werden sollen. In dieser Stufe zwei werden nach Konsultation des EU-Wertpapierausschusses und der EU-Wertpapierregulierungsbehörden die Einzelheiten der Umsetzung konkretisiert und von der Kommission beschlossen. Dieses neue Verfahren sollte bis Ende 2001 einsatzfähig sein.

Die Zehn Gebote erfolgreicher Geldgeschäfte

1. „Die Gier ist ein Schweinderl"

So sagte Onkel Louis stets, und er meinte damit jene Tennispartner, die sich – um nur rasch einen Punkt zu machen – in höchst riskante taktische Spielmanöver einließen. Mitunter brachten diese auch den erhofften Punkt, aber in der Summe fielen die einzelnen spektakulären Teilsiege kaum ins Gewicht. Zumeist siegte jener Spieler, der beständiger und ausdauernder war, der sein Nervenkostüm weniger strapazierte und – seine Chance abwartend – geduldig so lange die gelbe Filzkugel retournierte, bis der High-Risk-Spieler daneben schlug, zuerst die Nerven und dann den Punkt verlor und vielleicht auch noch den Schläger.

Diese Situation ist für mich ein wunderbarer Vergleich mit all den raschen Abzockern, die sich gierig auf eine hochriskante neue Aktie stürzen und glauben, in wenigen Wochen 30, 50 oder 100 % Gewinn machen zu können. Oder jene, die immer das Gras wachsen hören, wieder von irgend jemandem einen „Geheimtipp" erhalten haben und nun glauben, hier an vorderster Front mitmischen zu müssen.

2. Seien Sie gelassen im Umgang mit Geld!

Besonders, wenn es um seine Veranlagung geht. Das ist mein vordringlichster Rat an Sie. Lassen Sie sich unter keinen Umständen von der Gier anderer anstecken. Heiße Tipps bei der Saunarunde oder am Biertisch sind ungefähr so viel wert wie der Ort, an dem sie entstanden sind. Werden Sie nicht hektisch, wenn Sie sehen, was andere wo investiert haben. Halten Sie Abstand zu derartigen Menschen, denn diese suchen nur eine Publikum für sich und Ihre Bestätigung, falls dann doch etwas schief gelaufen sein sollte. Dann werden Sie nämlich im gleichen Boot sitzen, in das er sie hineingezogen hat.

3. Geld ist nicht Schicksal!

Überlassen Sie Ihr Geld nicht dem Zufall. Gewinn- und Verlustchancen lassen sich überblicken, und Geldanlage sollte nie in die

Nähe von Glücksspiel geraten. Irgendwelchen – zumeist von Medien und Fondsmanagern erfundenen – Trends nachzulaufen, rasch irgendwo ein-, aus- und/oder umzusteigen kostet Sie in den meisten Fällen Ihr Geld und Ihre Nerven. Denn stets kommen Kosten und Gebühren hinzu, die Ihnen die Umschichtung erschweren. All dieses Geld müssen Sie dann erst wieder zusätzlich verdienen.

4. Seien Sie neugierig!

Verschaffen Sie sich einen Einblick in die Finanzmärkte. Es ist Ihr Vorteil. Besuchen Sie Vorträge, Seminare und Messen (z. B. die „Gewinn"-Messe mit jeder Menge von Seminaren). Lesen Sie einschlägige Bücher und Fachliteratur, sehen Sie sich die Wirtschaftsseiten der Tageszeitungen und TV-Sendungen zu diesem Thema an. Sie werden sehen, schon sehr bald werden Sie die großen Zusammenhänge erfassen und Regeln der Finanzmärkte daraus ableiten. Vergessen Sie die heißen Tipps oder Anlagestrategien irgendwelcher Berater oder rhetorisch gut geschulter Mitarbeiter von Finanzstrukturvertrieben. Mit dem von Ihnen erworbenen Wissen sind Sie selbst häufig in der Lage, wirtschaftliche Entwicklungen vorauszusehen und diese in Ihre Anlageentscheidungen einzubinden.

Unter den oben erwähnten Bedingungen investieren Sie mit Vernunft, und nicht einfach auf „Gut Glück".

5. Machen Sie sich selbst ein Bild!

Verlangen Sie alle Verkaufsprospekte und Informationen, bevor Sie ein finanzielles Engagement eingehen. Heben Sie diese Unterlagen gut auf, denn wenn Sie später einmal nachweisen können, dass die darin enthaltenen Angaben unrichtig sind, können Sie gerichtliche Schritte leichter in Erwägung ziehen.

Erst wenn Sie selbst genau wissen, was Sie wofür anlegen wollen, können Sie sich an Experten wenden, um Ihre eigene Position nochmals zu überprüfen.

6. Verteilen Sie ihre Gunst!

Setzen Sie nie, absolut nie, alles auf eine Karte. Wenn Sie Ihr gesamtes Geld in Aktien oder noch höher spekulative Werte anlegen, kann Ihnen niemand helfen, wenn es wieder einmal mit der Börse bergab geht. Schaffen Sie sich einen Polster aus festverzinslichen Wertpapieren und Aktienfonds.

7. Verhandeln Sie gerne!

Gehen Sie mit „sportlicher Haltung“ in Ihr Gespräch. Schauen Sie sich in der Vorbereitung genau diverse Gebühren und Spesen an, und erkundigen Sie sich, was es alles an Möglichkeiten gibt, Spesen und Gebühren zu senken.

8. Lassen Sie nicht locker, aber bleiben Sie locker!

Andere Banken nehmen Sie gerne. Lassen Sie Ihr Gegenüber das auch wissen. Haben Sie auch keine Scheu, auf Ihre Kontakte zu verschiedenen Medien hinzuweisen. Oft wirkt das Wunder.

9. Streiten Sie gerne!

Lassen Sie Ihr Gegenüber wissen, dass Sie sehr wohl wissen, was zu tun ist. Treten Sie ruhig härter auf und reden Sie nicht nur mit Ihrem Bankbeamten, sondern gehen Sie ruhig den Instanzenweg hinauf. Auch einen Termin beim Vorstand sollten Sie nicht auslassen, falls Sie Ihre Interessen nicht sofort durchsetzen können. Bereiten Sie schriftlich eine Punkteliste vor, die Sie vortragen. So sieht Ihr Gesprächspartner gleich, dass Sie es ernst meinen. Nehmen Sie zu diesen Gesprächen einen Zeugen mit. Das erhöht den psychologischen Druck auf Ihren Gesprächspartner. Schreiben Sie alle Antworten, die Sie erhalten, genau auf und lassen Sie sich das Ergebnis schriftlich geben. Oder bestätigen Sie den Inhalt in Form eines Gesprächsprotokolls.

10. Seien Sie in den Verhandlungen zäh mit sich selbst und anderen!

Aller Anfang ist schwer. Jeder Marathon beginnt mit einem ersten Schritt. Aus meiner Erfahrung als Marathonläufer weiß ich, dass am Weg zum Ziel viele Hindernisse zu überwinden sind, dass unerwartete Barrieren lauern. Aber wenn Sie es geschafft haben, sich selbst zu disziplinieren, so seien Sie nett im Ton, aber hart in der Sache. Entfernen Sie sich durch Misserfolg nicht von Ihrem

Ziel. Auch die berüchtigten Konditionsschwächen zwischen Kilometer 30 und 35 beim Marathon sind bekannt und gefürchtet, aber kaum ein Läufer wird genau dort aufgeben. Kalkulieren Sie also Ihre eigenen Schwächephasen mit ein auf dem Weg, Ihr Geld gut, sicher und ertragreich zu investieren.

Falls alle Stricke reißen ...
... wenden Sie sich an Konsumentenschutz-Organisationen: an die Arbeiterkammer und an den Verein für Konsumenteninformation (Anschriften siehe S.73) Und, bitte, vergessen Sie nie, Ihre sechs Schlüsselwörter nachzuvollziehen ...

- Errechnen Sie ...
- Überprüfen Sie ...
- Listen Sie Ergebnisse ...
- Visualisieren Sie ...
- Reflektieren Sie ...
- Suchen Sie Rat ...

Wie „Partner“ Sie um viel Geld bringen können[1]

Eine kleine Terminologie[13]: Begriffe und ihre Bedeutung

Churning

Dieser neue Begriff kommt aus dem Englischen, man sollte ihn sich merken. „Churning“ bedeutet wörtlich: „buttern, Butter rühren“. Auf den Finanzsektor umgelegt, heißt das so viel wie „Umschichtung des Kundenportfolios“ oder „Umdrehen von Portfolios“.
Was ist nun der Hintergrund für dieses grundlose und ungerechtfertigte heftige Umschichten? Man ersetzt Wertpapiere eines Portfolios durch andere Wertpapiere, deren Risiko- und Ertragsaussichten gleichwertig sind. Dafür verrechnet man unverhältnismäßig hohe Spesen – etwa 15 bis 20 %. Diese Spesen sind immer gleich und unabhängig von allfälligen Verlusten oder Gewinnen. Die „Milch“ (das heißt: das Depot) wird beim „Churning“ so oft bewegt, daß die „Butter“ (d. h. die Spesen) in beträchtlichem Ausmaß entnommen werden kann. Dem Kunden, also dem Depotinhaber, bleibt letztlich nur die „Magermilch“, also ein Depot abzüglich hoher Spesen.

Cold Calling

Ein unerwünschter, vielleicht sogar störender Anruf, der Ihr Telefon blockiert und für Sie finanziell fatale Folgen haben kann. Ereilt Sie ein Kundenanruf ohne Ihre Zustimmung und/oder ohne dass eine Geschäftsbeziehung besteht, so nennt man dieses Telefonat „cold calling“. Mit diesem Instrument kann man sehr einfach Kunden keilen. Erfunden wurde das „cold calling“ in den USA. Ebenso wie dort gibt es zwischenzeitlich auch in Europa die sogenannten „boiler room operations“: kurzfristig angemietete Zimmer oder Büroräume mit modernsten Telefonanlagen und gut geschulten Keilern, die per Telefon Kunden akquirieren. Die Überzeugungskraft der „cold caller“ ist gigantisch: Viele Kunden schaffen es nicht, sich ihr zu entziehen. Man gibt klein bei, und

schon investiert man, ohne den Anbieter oder seine Finanzprodukte genauer zu kennen. Bei versprochenen Renditen von 30 % und mehr kann man wohl nur zugreifen, auch über das Telefon! Mit bitterem Ende.
Die fatalste Kombination: jene Telefonanrufer, die man nicht kennt, die höchste Traumrenditen versprechen und die „so nett sind", sich darüber hinaus „um alles" kümmern zu wollen.

Spamming

Was per Telefon möglich ist, geht auch per Fax oder via E-Mail: Etwa durch Zuschütten Ihres PCs mit unerwünschten Mails, die einem penetrant–verführerisch Finanzdienstleistungsfirmen anbiedern! Sie stören und sind nicht erwünscht. Wie Sie sich dagegen zur Wehr setzen können? Es gibt als Gegenmaßnahmen die „opt-in-" oder die „opt-out-" Varianten:

- opt-out: Das sind die so genannten Robinsonlisten, in die man sich eintragen lassen kann, sodass man gewisse E-Mails nicht empfangen kann.
- opt-in: Dies verlangt analog zum „Cold Calling" die vorherige Zustimmung. (Es ist anzunehmen, dass sich Österreich im Rahmen der Umsetzung der Fernabsatzrichtlinie für Finanzdienstleistungen für die opt-in-Variante entscheiden wird.)

High Yield – High Risk

Verlockend hohe Rendite!? Ja, mit größter Vorsicht: Denn hohe Rendite bedeutet stets hohes Risiko!! Versprechungen sollten Sie stets sehr vorsichtig entgegentreten: Nur selten ist Gold, was glänzt. Veranlagungen müssen genau beschrieben und hinterfragt werden.
Künftige hohe Renditen sind weder beleg- noch beweisbar. Versprochen ist bald etwas!

Fonds sind nicht immer Fonds

Nicht jeder Fonds ist ein Investmentfonds nach österreichischem Gesetz. US-amerikanische Fonds haben eine andere rechtliche Ausgestaltung und daher andere Rechte für Anleger. Ehe Sie diesbezüglich nur die kleinste Entscheidung treffen, lassen Sie sich durch Experten beraten und hinterfragen Sie selbst jedes Detail kritisch! Ferner: Oftmals sind Firmen (meist im Ausland ansässig) nur fingiert, vorgetäuscht, wie auch deren „innovative" Produkte. Beinahe jeder, der in solche Aktien investiert, sieht sein Geld nie wieder. Denn es wird nie wirklich angelegt, sondern auf verschiedene Konten in verschiedenen Ländern überwiesen: ein Zahlungsfluss, der schwer – wenn überhaupt – nachweisbar ist.

Internet – Chatforen: die große Gefahr!

Chatforen – so lange es um die Liebe, den guten Schmäh oder Hobbys geht, sind sie weitgehend harmlos. Man kann sich über vieles unterhalten. Auch Gerüchte können übers Netz leichter als sonst in die Welt gesetzt und weit verbreitet werden. Ein typischer Fall, er ist bereits u. a. in USA-Gerichten anhängig. Ein Internet-User informiert über eine Aktie, gibt dazu positive Kommentare ab: Anleger, die dies im Netz lesen, sind begeistert und kaufen: Dies treibt den Kurs in schwindelnde Höhen: Der Initiator, der die Info ins Netz gesetzt hat, casht ab, ehe der Kurs einbricht. Die vertrauenswürdigen Anleger fahren mörderische Verluste ein! Ein klassischer und typischer Fall von Internet-Betrug!

Pushing/Scalping

Will man als Anbieter von Finanzprodukten den Kurs zum eigenen Vorteil beeinflussen, so gibt man den Kunden gezielte Empfehlungen, die dann zu entsprechenden Ankäufen und in der Folge zu einem Kursanstieg, im anderen Fall zu Verkäufen und somit zu einem Verringern des Kurswertes führen: Dieses Vorgehen ist ein Vergehen und selbstverständlich verboten und strafbar. Marktmanipulation entspricht auch nicht dem Kundeninteresse!

Und worauf Sie weiters achten müssen ...

Anbieter von Finanzdienstleistungen brauchen eine Konzession – entweder für Bankgeschäfte nach dem Bankwesengesetz (BWG) oder eine als Wertpapierdienstleistungsunternehmen nach dem Wertpapieraufsichtsgesetz (WAG). Dies lässt sich auch überprüfen, bei Letzteren über www.bwa.at.

Misstrauen ist speziell angesagt, wenn Geld nachgeschossen werden soll! In der Regel ist zu diesem Zeitpunkt das Kapital nicht mehr vorhanden, d. h. verloren. Dann ist der „Kunde" nicht mehr interessant – außer wenn er sofort „frisches Geld" nachschießt. In der Folge wird er auch nicht mehr kontaktiert, häufiger noch: Der Anbieter ist für den Kunden unerreichbar.

Besonders freche Keiler verlangen dann vom Kunden noch, dass er sein Kapital mittels eines neuen Kredits „aufstockt". Folge: Im schlimmsten Fall ist also nicht nur Ihr Kapital verloren, Sie sitzen darüber hinaus auf einem Haufen Schulden!

Konto- und Depotauszüge sollten Sie regelmäßig erhalten; sie müssen von Ihnen genau überprüft werden. Ebenso sollten Ihnen Kauf- und Verkaufsaufträge in Kopie immer übermittelt werden!

Die Methoden der Abzocker – eine Auswahl

„Gib Deinem Glück eine Chance ..." „Ein vielleicht leicht dahergesagter Spruch, der auf der Suche nach raschem Vermögen katastrophale und kriminelle Folgen haben kann", so umreißt ein ungenannt bleiben wollender Fahnder des Innenministeriums den Einstieg vieler „Opfer".Methoden wie internationale betrügerische Finanzkeiler gutgläubige Kunden ins Netz locken, sind etwa folgende:

1. **Die Gier des Kunden erwecken** (siehe auch: Cold Calling, Spamming)

Der „besorgte Mitarbeiter" kümmert sich um den Kunden, den er erstmals telefonisch oder per Fax kontaktiert hat, besser und häufiger als dessen Hausbank. Er führt genauestens Buch darüber, wann er den Kunden angerufen und was er mit ihm gesprochen hat. Suggestive Fragen wie: „Wollen Sie denn nicht Steuer sparen?", führen seinen „Kunden" auf die von ihm gewünschte emotionale Ebene. „Signalzeichen“ werden diese Suggestivfragen in Insiderkreisen genannt.

2. Den Kunden rhetorisch einfangen

Die Gespräche mit dem Kunden laufen ab dem Erstkontakt nach einem von Psychologen genau ausgeklügelten Muster ab. Nur exzellente und bestens geschulte Verkäufer sind es, die von den sogenannten boiler-rooms (siehe oben) aus die Kunden betreuen. „Die sind so gut, die verkaufen dem Papst sogar ein Doppelbett“, sagt man in Fahnderkreisen.

3. Eine Legende erfinden

Die klassische Marketingstrategie einer „guten Story“ wird auch hier angewendet. Egal ob „bei der OPEC gerade der Ölpreis steigt“ und es eben noch beim Keiler Optionen zu ergattern gibt, ob „nach einem Erdbeben an der Börse notierende spezialisierte Baufirmen das große Geschäft wittern“ oder ob man „nach der BSE-Krise jetzt auf Schweinebäuche setzen muss“. Das Stricken von Storys – nahezu täglich aktualisiert – ist das Fundament für das große Geschäft der Keiler.

4. „Steueroptimiertes Geld“ des Kunden anlegen

Viele Menschen – Freiberufler, Unternehmer usw. – haben ihr – wenig elegant – als „Schwarzgeld“ bezeichnetes Vermögen dubiosen Keilern überantwortet. Schade zwar, dass das Geld dann weg war, aber Anzeige erstatten die Opfer trotzdem nicht. Die Angst vor der Finanz ist viel zu groß.

5. „Experten“ herbeiholen

Ist die Weihnachtsgans erst ausgenommen und liegt sie flach in der Pfanne, folgt der nächste sympathietriefende Anruf. Denn da taucht „als Retter in der Not“ auf einmal ein „Wertpapierexperte“ auf; er versucht, das sich in finanzieller Not wiederfindende Opfer (dessen Gier und Sehnsucht nach Geld größer ist denn je) abermals zu melken, indem er ihm Expertenhilfe, Rat, Verständnis und vor allem jetzt erst recht Rendite anbietet. Der zweite Schlag des Keilers ist für das Opfer in aller Regel finanziell letal.

6. Durchlaufen von „Hierarchien“

„Der Angekeilte“ (also: das Opfer) durchläuft in seinen Telefonkontakten verschiedene Stufen, spricht also mit unterschiedlichen Keilern, die in einer durchdachten Hierarchie angesiedelt sind. Damit wird an ihm ein „vorgefertigtes“ Programm abgewickelt. Letztlich landet das bedauernswerte Opfer beim „Loader“, der das Vertrauen des Kunden ein wenig repariert, indem er kleinen Gewinn macht und damit das komplette Vertrauen wieder gewinnt. Motto: „Wie Sie sehen, ich kümmere mich wirklich um Sie.“ Dass ihm dieser Gewinn bei der nächsten Transaktion wieder abgenommen wird, ahnt der Kunde zu diesem Zeitpunkt noch nicht.

Die Entlohnung der betrügerischen Finanzdienstleister erfolgt auf Provisionsbasis. Kaum einer von ihnen weiß, was in der eigenen Firmenstruktur und finanziell wirklich los ist. Die Keiler sind Rädchen in der Organisation – ohne Einblick.

7. Kontakt zum „Guru“, auch „Trader“ genannt.

Er wird den gutgläubigen Kunden als Allwissender „verkauft“, nur er kennt die „Lösung für alle bisherigen finanziellen Probleme“. Dafür bezahlen die Menschen bis zu unverschämten 80 % Spesen. Diese waren nicht verschwiegen worden, sondern sind im bunten Hochglanzprospekt genau beschrieben. Und – die Leute bezahlen trotzdem gerne. Auch wenn es ihnen so ergeht wie jener Dame aus einer ORF-Talkshow, die einen Lotto-Jackpot gemacht hatte und innerhalb von Tagen von Keilern voll abgezockt worden war. Ein Auskommen aus diesem Teufelskreis gibt es nicht – zumindest keines, das für den Kunden positiv wäre.

8. „Gewinner“ vorweisen

Eine der perfiden Strategien dieser Firmen ist es, bei Gericht eine Person namhaft zu machen, die bereits kleine Gewinne gemacht hat, womit oft juristisch kein *nachweisbarer* betrügerischer Vorsatz mehr vorliegt.

9. Falsche Kontoauszüge produzieren

Perfektion heißt die Devise: Warum dann den Kunden echte Kontoauszüge geben, wenn man sich mit gefälschten, im eigenen Haus hergestellten doch viel leichter tut? Hauptsache, der getäuschte Kunde ist glücklich ...

10. Die Börse umgehen

Man braucht doch de facto das Geld nicht an der Börse anlegen, man schiebt es einfach innerhalb der Firma hin und her.

11. Spesen „erzeugen"

Diese Hin- und Her-Schieberei erzeugt jedes Mal hohe Spesen. (siehe „Churning").

12. Zeitlichen Druck erzeugen

Durch die vorgegebene Eile für eine positive Abwicklung der Transaktion wird versucht, dem Kunden die Möglichkeit zu nehmen, sich genauer mit der Sache auseinander zu setzen oder sich professionellen Rat zu holen.

13. Einen Turbo einbauen

All das oben Gesagte wird dann noch mit dem berüchtigten Pyramidenspiel gekoppelt.

14. Devisentauschgeschäfte (cash to cash):

Auch hier macht die Story den Deal, etwa: „Ich möchte alte Stasi-Gelder umwechseln; ich komme von der US-Mafia und brauche eine andere Währung als Dollar, ich will italienische Lire aus Camora-Beständen loswerden usw." Die Legende dahinter ist Geldwäsche mit versprochener 30-%-Rendite und mehr.

Die Praxis: Es wird ein konspiratives Treffen auf einem Autobahnparkplatz vereinbart, wo der gierige Klient – geködert mit dem Versprechen der 30-%-Devisenprovision – auftaucht. Mitten im Gespräch ruft plötzlich einer „Die Hee", was im Gaunerjargon so viel wie „Achtung Polizei" bedeutet. Die Betroffenen sind in Sekundenschnelle verschwunden, übrig bleibt ein gutgläubiger Kunde mit einem Koffer voll Falschgeld, bedeckt mit wenigen echten Scheinen oben drauf.

15. „Diskretschalter"

Betrüger mieten in einer Bank so genannte „Diskretschalter". Dorthin bestellen sie ihre Kunden. Sie treten im Outfit eines seriösen Bankdirektors oder Kundenbetreuers auf, die mitgebrachte Sekretärin serviert Kaffee. Der Kunde überbringt und übergibt das für Transaktionen vereinbarte Geld. Der Bankdirektor stellt eine Quittung aus und entschuldigt sich mit den Worten „Ich gehe nur rasch das Geld nachzählen". Bevor er nie mehr wieder kommt, verschwindet auch seine perfekt gestylte Assistentin. Der Kunde bleibt im eleganten Bankengebäude zwischen Marmoraschenbecher und edler Ledergarnitur seinem traurigen Schicksal überlassen.

16. „Bankgarantie"

Dabei wird unterstellt, dass es den Handel mit Garantien und Akkreditiven gibt. Die einzige legale Möglichkeit, eine Garantie weiterzugeben, ist jedoch eine Zession.
Mit der „Bankgarantie", die keine ist, wird dem Geldgeber erklärt, die Banken hätten eben finanzielle Engpässe. Verkauft wird nun etwas, das einem Pyramidenspiel ähnelt; dabei haben sogar schon österreichische Banken mitgemacht.
Die diesbezüglichen „Verträge" sind zumeist in Englisch verfasst und, wie ein Beamter von Scotland Yard gemeint hat, „too difficult to read".

17. „Get-rich-quick scheme"

Die Legende dahinter ist wieder Geldwäsche mit versprochener 30-%-und-mehr-Rendite. In einem Angebot wird man gebeten, zu antworten.
Auf diese Weise kommen die Anbieter zur firmenmäßigen Zeichnung und zur Unterschrift, die in der Folge für dem Käufer nicht bekannte Dokumente gefälscht werden. Die Laufzeiten betragen meist zehn Jahre und einen Tag oder auch fünf Jahre und einen Tag. Der Kunde glaubt, er befindet sich in guter Bonität (AAA) und wähnt sich unter den European Top Twenty. Aus verschiedenen Indizien können Kriminalisten schließen, dass dahinter ein einzelner Ideengeber steckt.

18. Vorauszahlungsbetrügereien

Der Kunde wird mit zinsgünstigen Krediten geködert: statt 6 % Zinsen im Inland, nur 3 % im Ausland.

Braucht der gutgläubige Kreditnehmer eine Summe von € 100.000, so wird ihm empfohlen, weitere € 100.000 aufzunehmen, mit dem Argument, dass durch Fonds-Tradingprogramme in zehn Jahren der gesamte Gegenwert des Kredites (Zinsen und Kapital) für die Rückzahlung erwirtschaftet wird. Als Anzahlung werden 10.000 US-Dollar in Rechnung gestellt, zu überweisen auf ein ausländisches Konto. Nach Überweisung wird die Geschäftsverbindung einseitig abgebrochen, die Ansprechpartner sind für den Kunden leider nicht mehr erreichbar.

Dazu ein Kriminalbeamter des Einsatzkommandos für organisierte Kriminalität: „Die Summen, die hier den einzelnen Staaten volkswirtschaftlich entgleiten, weil die Gelder nicht bei der Börse oder bei den Banken legal verwahrt oder bewegt werden, sind enorm. Sie fehlen am Kapitalmarkt."

Quintessenz

Es sind die Vertraulichkeit, die diese Keiler erzeugen, die Unmittelbarkeit, mit der sich der Kunde Geld erhofft, und die versprochene hohe Rendite bei geringem Risiko, welche die Menschen immer wieder derartigen betrügerischen Firmen in die Arme treiben.

Dafür gibt es auch einen historischen Hintergrund: Vor Errichtung der Wertpapieraufsicht hat sich niemand wirklich um den grauen Kapitalmarkt gekümmert. Mitte der achtziger Jahre des 20. Jahrhunderts machten die so genannte Hamburg-Connection und einige andere betrügerische Firmen in Norddeutschland von sich reden. Mit oder auch ohne Konzession der Bundeswertpapieraufsicht waren damals auch ehemalige Bankleute in dieser „Branche" tätig. Zielgruppen waren und sind zumeist Freiberufler und das mittlere Management. Dabei arbeiten die Keiler nach einem genauen System, um etwa an die brauchbaren Adressen heranzukommen. Doch selbst der Streuverlust von 50 oder 100 vergeblichen Anrufen ist egal, weil die Provisionen bei einem „Volltreffer" derart hoch sind, dass die Rechnung aufgeht.

Ihre Abwehrstrategien

1. Konsequente Wachsamkeit bei Anrufen, Faxen, E-Mails ...
2. Immer wieder Gegenfragen: Wer hat Sie mir empfohlen? Welche Erfahrungen haben Sie? Wie sind Sie erreichbar? Welche Referenzen hat Ihr Unternehmen? Schicken Sie mir einen Prospekt, ich bespreche das mit meinem Rechtsanwalt, der Polizei, den Konsumentenschützern!
3. Ihre Ansprechstelle: Polizei, Wertpapieraufsicht mit Ihrer Anzeige, Bundeskriminalamt/Journaldienst, Fachgruppen im Innenministerium, kriminalpolizeilicher Beratungsdienst usw.

Zugesichert wird von diesen Stellen, dass es nicht zu einer Meldung an die Finanz kommt. Dies gilt übrigens auch für Geldwäsche nach BWG §39ff (Offizial-Prinzip).

Im Gebührendschungel der Girokonten

Ein Leben ohne Gehalts-, Pensions- oder Geschäftskonto, ohne Bankomat, Kreditkarte und Dauerauftrag? Können Sie sich das noch vorstellen? Und die Entgegennahme des monatlichen Gehaltes in Lohntüten, der Weihnachtseinkauf mit prall gefüllten Geldbörsen, mit dicken Valutenbündeln in den Urlaub, zu jedem Monatsbeginn auf den Geldbriefträger warten, um die Pension entgegenzunehmen, monatliche Bareinzahlung der Stromrechnung und der Miete, Barzahlungen von Lieferanten ...
Gottlob wurde das Girokonto erfunden, und es bietet uns eine Vielzahl von Annehmlichkeiten. Das wissen natürlich auch die Banken und lassen sich für die Kontoführung fürstlich entlohnen. Mit spesengünstigen Lockangeboten wurde noch vor wenigen Jahren um jedes einzelne Konto geworben. Dies weckt nostalgische Erinnerungen in uns, da schon seit langem von „günstig" keine Rede mehr sein kann. Die Banken kassieren für alles und jedes. Lassen Sie sich von Ihrer Hausbank eine Spesenliste ausfolgen, Sie werden staunen! Bei Geschäftskonten wird ein und derselbe Arbeitsgang meist noch deutlich höher bepreist.
Banken rechtfertigen diese Gebührenflut mit hohen, durch die Verwaltung der Girokonten und den Zahlungsverkehr verursachten Kosten, und suhlen sich in Selbstmitleid. Von den Banken werden auch laufend Kostenvergleiche mit dem Ausland veröffentlicht. Das zu erwartende Ergebnis: Genießen Sie doch als österreichischer Kontoinhaber die enormen heimischen Kostenvorteile. Ich überlasse es Ihrer Fantasie, die Objektivität dieser meist von den Banken in Auftrag gegebenen Vergleiche zu beurteilen.
Tatsache ist, dass durch die Kirchturmpolitik der Banken unsinnig hohe Kosten produziert werden. Warum gibt es für Überweisungen keine gemeinsame Abwicklungsstelle, die meisten Sektoren leisten sich immer noch eigene aufwendige Rechenzentren. Bei „dezentralen Banken", z. B. den Genossenschaftsbanken, gibt es sogar noch den Luxus von „Landesrechenzentren".
Auch die „Internet-Strategien" der Banken sind teuer. „Noch keine der Großbanken hat bislang mit ihrem Internet-Angebot

Geld verdient", sagt Norbert Linn im „Handelsblatt" vom 3. April 2001. In gewaltige Investitionen haben sich die Großbanken mit ihren Internet-Projekten gestürzt. Angesichts dieser hohen Kosten stellen sich die Großbanken die Frage nach einer Internet-Strategie, die nicht zur Internet-Falle wird.

Die Erfahrung zeigt, dass diese Kosten nicht durch zusätzliche Geschäfte belohnt werden, sondern dass die Kundenbeziehung ständig in Gefahr ist und die Kundenloyalität sinkt. Der Beweis der Wirtschaftlichkeit der Vertriebsschiene von Bankprodukten über das Internet ist noch ausständig, da es diese erst seit wenigen Jahren gibt.

Für Sie als Kontoinhaber sofort schmerzlich spürbar sind aber die ständig steigenden Kontogebühren. Bei den Erhöhungen sind die meisten Banken nicht gerade zimperlich. „Bankkonten um bis zu 20 Prozent teurer" schreibt der „Standard" in seiner Ausgabe vom 28. März 2001. Es gibt wenige Branchen, die sich derartige Preissprünge ungestraft leisten können. Denn selbst wenn Sie nicht damit einverstanden sind, werden Sie kaum das Bankinstitut wechseln, da dieser Schritt für Sie auch mit Mühen verbunden und zeitaufwendig ist. Das wissen natürlich auch die Banken und kalkulieren damit.

Hohe Kontogebühren: OGH-Urteil

Als „Wende im Konsumentenschutz" bezeichnete der für Verbraucherfragen zuständige Justizminister Böhmdorfer das OGH-Urteil gegen die Geschäftsbedingungen der CA. Der Klage des Vereins für Konsumentenschutzinformation wurde in drei Punkten Recht gegeben: Die Kontogebühr-Erhöhung, die Datenschutzklausel und die Einspruchsfrist gegen Kontoauszüge sind rechtswidrig. Kunden, denen zu hohe Beträge verrechnet worden seien, könnten Rückforderungen stellen, sagte der Justizminister." (Zitat „Der Kurier")

In ORF on news vom 24. Juli 2001 ist zu lesen: „EU will Banken gesetzlich zur Gebührensenkung zwingen": „Die Kommission werde einen entsprechenden Verordnungsvorschlag annehmen, der noch von den EU-Staaten und dem Europaparlament gebilligt werden muss", sagt der verantwortliche Kommissar Frits

Bolkestein. Er führt weiters aus: „Die Kosten für grenzüberschreitende Transaktionen in Euro sollen für Bankkunden nicht höher sein als die für Inlandstransfers".

Achtung, Falle!

Vertrauen ist gut, Kontrolle ist besser. Die unglaublichen Kostenerhöhungen bei den Kontogebühren sind deshalb möglich, da die Masse der Kontoinhaber ganz einfach zu wenig kontrolliert. Das Vertrauen in die Hausbank kostet auch bei der Kontoführung viel Geld. Gehen Sie davon aus, dass Ihnen als „treuer" Kunde sämtliche Erhöhungen weiterverrechnet werden.

Mein Tipp:

Sie sind als Gehalts-, Pensions- oder Geschäftskontoinhaber ein begehrter Kunde. Die Kreditinstitute wissen ganz genau, dass Sie über diese Konten den direkten Zugang zu Ihnen haben und sie Ihre finanzielle Situation ganz genau durchleuchten können. Mit diesem Wissens- und Informationsvorsprung werden sie massiv versuchen, Ihnen die weiteren Produkte in ihrem Bauchladen, wie Kredite, Sparformen, Versicherungen usw., zu verkaufen.
Treten Sie als Kontoinhaber selbstbewusst auf und nehmen Sie die Spesen nicht einfach unwidersprochen zur Kenntnis. Verhandeln Sie hart und scheuen Sie sich auch nicht, das Konto zu verlagern.

Lukrative Traditionen der Banken

Oder: Die wundersame Geldvermehrung

Die Wertstellung

Sie zahlen auf Ihr Konto einen bestimmten Betrag ein und führen am selben Tag Überweisungen in derselben Höhe durch. Das Konto weist keine Überziehung auf. Bei der nächsten Kontoabrechnung sehen Sie auf Ihrem Kontoauszug, obwohl das Konto nie überzogen war, eine Position Soll-Zinsen (Überziehungszinsen). Sie werden sich wahrscheinlich schon öfters gefragt haben, wie denn so etwas möglich sein kann.

Die Lösung

Die Zinsenberechnung für Einzahlungen auf das Konto beginnt „einen Werktag später". Behebungen werden jedoch noch am selben Tag berücksichtigt. Das heißt, die Banken haben einen Zinsenvorteil von zumindest einem Tag. Liegen ein Wochenende oder ein Feiertag dazwischen, entsprechend mehr. Legen wir bei diesem Beispiel einen Betrag von € 10.000,–/ATS 137.603,– zugrunde, bei einem Überziehungszinssatz von 9 % (sehr vorsichtig angesetzt), kassiert die Bank pro Tag € 2,50 /ATS 34,40,–
Sie können diese Aussage sehr leicht überprüfen:
Nehmen Sie Ihre Kontoauszüge zur Hand. Sie werden bei einer Transaktion zwei verschiedene Daten sehen, einmal für den Tag der Durchführung, einmal für die Wertstellung.
Tagtäglich erfolgen über Girokonten Milliardenumsätze. Sie können sich vorstellen, dass es sich dabei um ein schönes „Körberlgeld" der Banken handelt.

Das Argument der Banken

„Das ist bankenüblich. Es war schon immer so, und alle Banken halten sich an diese Tradition. Außerdem sind die Kosten des Zahlungsverkehrs enorm hoch und in Summe stark defizitär."
Somit ist nach Bankenstandpunkt diese für die Bankkunden ungünstige Verrechnungsart (Valutavorteil) gerechtfertigt und vermindert lediglich die Gesamtverluste.
Mir fällt dazu ein, dass Sie bei Banken für „alle" Serviceleistun-

gen zahlen und mit ständig steigenden Spesensätzen konfrontiert werden.
Dieses sehr angenehme „Körberlgeld“ – nach der Devise „weil es so Tradition ist und immer so war, außerdem bemerkt es ja kaum jemand“ – hat die Berechtigung schon lange verloren.

Die Zinsenberechnung
Sie eröffnen bei Ihrer Hausbank ein Sparbuch und dotieren dieses mit einer Summe von € 100.000,–/ATS 1.376.030,–
Für dieses Guthaben bekommen Sie im Jahr 4 %.
Der Zinsenertrag pro Jahr beträgt somit € 4.000,–/ATS 55.041,–
Die Bank vergibt gleichzeitig einen Kredit in Höhe von € 100.000,–/ATS 1.376.030,– Dieser Kredit wird mit 7 % verzinst.
Der Kreditnehmer bezahlt pro Jahr Zinsen in Höhe von € 7.288,35/ATS 100.290,–
Sie werden natürlich sofort nachrechnen und feststellen, dass 7 % nicht € 7.288,35/ATS 100.290,– sondern € 7.000,–/ATS 96.322,– betragen. Und plötzlich die Zinsdifferenz zwischen Einlagen- und Kreditzinssatz nicht 3 % sondern 3,29 % beträgt.

Die Lösung dieses Rätsels
Ihre Berechnung ist absolut richtig, aber Banken verwenden zwei verschiedene Formeln für die Zinsenberechnung. Bei der Berechnung der Sparbuchzinsen werden die Monate mit 30 Tagen angesetzt, also pro Jahr insgesamt 360 Tage. Für die Berechnung der Kreditzinsen werden jedoch die genauen Kalendertage, also insgesamt 365 Tage herangezogen. Ein weiterer Benefit der Banken: Die Abrechnung der Sparbuchzinsen erfolgt einmal im Jahr, jeweils zum Jahresende, die Abrechnung der Kreditzinsen für gewöhnlich vierteljährlich. Dadurch ergibt sich für die Bank ein zusätzlicher Zinseszinseffekt. Die unterjährig abgerechneten Zinsen werden bei der nächsten Abrechnung mitverzinst usw..
Die Bank kassiert bei diesem Beispiel ein zusätzliches „Körberlgeld“ von Euro 288,35/ATS 3.968,–.
Sie können sich vorstellen, was es heißt, diese Zusatzerträge auf die Gesamtsummen der Einlagen und Kredite hochzurechnen.

Mein Tipp:

Diese archaischen Methoden gehören beseitigt. Sprechen Sie Ihren Banker darauf an und verhandeln Sie. Die Zusammenarbeit soll auf einer fairen und für alle Beteiligten transparenten Basis erfolgen.

Wo bleibt der Gleichheitsgrundsatz?

Allgemeine Geschäftsbedingungen (AGB) von Banken
Diese enthalten die Grundregeln für die Beziehung zwischen Ihnen und Ihrer Bank. Der Geltungsbereich umfasst die gesamte Geschäftsverbindung.
Gehen Sie davon aus, dass Heerscharen von Bankjuristen sich redlich bemüht haben, diese AGB so zu gestalten, dass nicht Ihre Interessen, sondern die Interessen der Banken unter allen nur irgendwie vorstellbaren Umständen bestmöglich gewahrt werden. Wenn Sie das nächste Mal in Ihre Bank gehen, begeben Sie sich auf die Suche. Sie werden diese sehr umfassenden und nicht sehr verständlich formulierten Geschäftsbedingungen irgendwo in den Schalterräumlichkeiten ausgehängt finden. Sehr kundenfreundlich. Ich kenne niemanden, der in der Lage wäre, diese vielen klein gedruckten Kapitel im Vorbeigehen zu lesen und zu verstehen.

Achtung, Falle:

Beurteilungen sind sehr subjektiv, und in den allgemeinen Geschäftsbedingungen ist unter anderem vorgesehen, dass das Kreditinstitut bei wichtigen Gründen die gesamte Geschäftsverbindung oder einzelne Teile davon jederzeit mit „sofortiger" Wirkung kündigen kann.

Ein wichtiger Grund liegt laut AGB „insbesondere" vor, wenn eine Verschlechterung oder Gefährdung der Vermögensverhältnisse des Kunden oder eines Mitverpflichteten eintritt und dadurch die Erfüllung von Verbindlichkeiten gegenüber dem Kreditinstitut gefährdet ist.
Sie können sich vorstellen, wie leicht es für einen Banker ist, auf Grund dieser so pauschal und schwammig formulierten Aussage einen Kündigungsgrund zu konstruieren.

Welche Rechtsfolgen treffen Sie im Falle einer Kündigung?
Mit Beendigung der gesamten Geschäftsverbindung oder einzelner Teile davon werden daraus geschuldete Beträge sofort „fällig".

Sie bemerken, welche fatalen Konsequenzen eine in diesem Falle vom Banker meistens stark subjektiv beeinflusste und deshalb auch möglicherweise falsche Beurteilung mit sich bringt.
Das Kreditinstitut ist laut AGB berechtigt, „zwischen sämtlichen Ansprüchen des Kunden, soweit sie pfändbar sind, und sämtlichen Verbindlichkeiten des Kunden ihm gegenüber aufzurechnen, insbesondere auch zwischen Guthaben aus Gemeinschaftskonten und Ansprüchen des Kreditinstituts gegen einen der Kontoinhaber". Das würde für Sie bedeuten, dass Sie in diesem Falle auch keinen Zugriff auf Ihre Guthaben hätten. Sie sind also der Bank völlig ausgeliefert.
Durch die Allgemeinen Geschäftsbedingungen (AGB) sind die Banken weiters ermächtigt, Fälligstellungen und Rechtsverfolgungen an den Kreditschutzverband von 1870 zu übermitteln. Sie können sich wahrscheinlich vorstellen, wie gut Ihre Chancen bei einer anderen Bank stehen, rasch eine Finanzierung zu erhalten, wenn eine derartige Negativmeldung über Sie bei einer Anfrage beim Kreditschutzverband erscheint.

Mein Tipp:

Lassen Sie sich ein Exemplar der Allgemeinen Geschäftsbedingungen aushändigen und studieren Sie in Ruhe den Text. Teilen Sie Ihrer Bank mit, welche Passagen Sie gerne umformulieren, oder überhaupt streichen wollen. Lassen Sie sich eine schriftliche Bestätigung über die Änderungen geben.
Teilen Sie Ihre Finanzgeschäfte auf zumindest zwei Banken auf. Vor allem – veranlagen Sie Ihre Ersparnisse nie bei der finanzierenden Bank! Es ist zu Ihrem Schutze, damit Sie sich nicht der Willkür von Bankern ausliefern.

Kreditverträge

Kreditverträge sind in den meisten Fällen – ähnlich der AGB – sehr einseitig auf das Wohl der Banken ausgerichtet. Ich zitiere einige Auszüge aus einem Kreditvertrag mit einigen wortwörtlich übernommenen Vertragspunkten:
Unter dem Punkt Fälligstellung (d) ist zu lesen:
„Der Kreditgeber ist berechtigt, den gesamten Kredit sofort fäl-

lig zu stellen, wenn (einer) der Kreditnehmer auch nur eine der nach vorliegender Urkunde oder Satzung oder Allgemeinen Geschäftsbedingungen des Kreditgebers ihm obliegende Verpflichtungen nicht vollständig oder nicht termingerecht erfüllen sollte." Oder: „Der (Die) Kreditnehmer verpflichtet(en) sich, ohne vorherige schriftliche Zustimmung des Kreditgebers keine wesentliche Veränderung an seinen (ihren) Vermögenswerten (insbesondere Liegenschaften, Einrichtungsgegenstände, Warenbestände, Forderungen usw.) durch Verpfändung, Verkauf, Schenkung, Übergabe, Zession, Bestandgabe usw. vorzunehmen und weder eine Bürgschaft noch sonstige Haftungen zu übernehmen." Oder: „Alle beim Kreditgeber für den (die bzw. einen der) Kreditnehmer eingehenden Beträge kann Ersterer zur Kompensation mit offenen Verbindlichkeiten des (der) Kreditnehmer(s) verwenden. Weiters ist der Kreditgeber berechtigt, Forderungen aus diesem Kreditverhältnis gegen bestehende Guthaben, auch solche in Fremdwährung, aufzurechnen."

Achtung Falle:

Durch derartige Formulierungen wird die Bank für Sie zum unberechenbaren Partner. Im ersten Fall kann immer eine Fälligstellung konstruiert werden, im zweiten Fall sind Sie quasi entmündigt, im dritten Fall verlieren Sie bei Problemen den Zugriff auf Ihre Guthaben.

Mein Tipp:

Unterfertigen Sie keinen Kreditvertrag ohne genauen vorherigen Check.
Setzen Sie den Rotstift an und korrigieren Sie unfaire und einseitige Vertragsinhalte. Bei guter Vorbereitung und Argumentation wird sich Ihre Bank kaum dagegen verschließen können. Diese korrigierten Punkte sind in den Vertrag schriftlich aufzunehmen.

Die wichtigsten Adressen

Kreditschutzverband von 1870

Zelinkagasse 10
1010 Wien
Tel: 01 53484-0, Fax: 01 53484-206
www.ksv.at, ksv@ksv.at

Kammer für Arbeiter u. Angestellte

Wien

Prinz Eugen-Str. 20-22
1040 Wien
Tel: 01 50165-0, Fax: 01 50165-2230
www.akwien.at, akmailbox@akwien.at

Niederösterreich

Windmühlgass 28
1060 Wien
Tel: 0800 23 23 23, Fax: 0800 23 23 23 1777
www.aknoe.at

Burgenland

Wiener Straße 7
7000 Eisenstadt
Tel: 02682 740, Fax: 02682 740 40
www.akbgld.at, akbgld@akbgld.at

Kärnten

9020 Bahnhofplatz 3
Tel: 0463 5870, Fax: 0463 5870-230
www.akktn.at, ak@akktn.at

Oberösterreich

Volksgartenstraße 40
4021 Linz
Tel: 050/6906-0, Fax: 050/6906-2860
www.akooe.at, info@ak-ooe.at

Salzburg

Markus-Sittikus-Straße 10
5020 Salzburg
Tel: 0662 86 87-0, Fax: 0662 87 62 58
www.ak-sbg.at, kontakt@ak-sbg.at

Steiermark

Hans-Resel-Gasse 8-14
8020 Graz
Tel: 0316 / 7799-0, Fax: 0316 / 7799-387
www.akstmk.at, presse@akstmk.at

Tirol

Maximilianstraße 7
6020 Innsbruck
Tel: 0512 53 40, Fax: 0512 53 40 1208
www.ak-tirol.com, ak@tirol.com

Vorarlberg

Widnau 2-4
6800 Feldkirch
Tel: 05522 306, Fax: 05522 306 324
www.ak-vorarlberg.at, oeffentlichkeitsarbeit@ak-vorarlberg.at

Konsumenteninformation
Verein für Konsumenteninformation VKI

Konsument Beratungszentrum Wien
Mariahilfer Straße 81
1061 Wien
Infoservice
Tel: 01 58877-0, Fax: 01 58877-71
www.konsument.at, pkolba@vki.or.at
Obmann: Harald Ettl
http://www.harald.ettl.at

Bundesministerium für Justiz/Konsumentenschutzsektion
Radetzkystraße 2
1030 Wien
Tel: 713 17 30, Fax: 713 17 30 4139
www.konsumentenschutz.gv.at, helga.baumann@bmj.gv.at

Wirtschaftskammer Österreich
Haus der Wirtschaft
Wiedner Hauptstraße 63
1040 Wien
Tel: 501 05-0, Fax: 501 05 250
www.wko.at, wkoe@wko.at

Bundesministerium für Inneres
EDOK
Einsatzgruppe zur Bekämpfung der organisierten Kriminalität
Josef Holaubek-Platz 1
1090 Wien
Tel: 802 73 13-0, Fax: 802 72 85

Bundeswertpapieraufsicht
Canovagasse 7
1010 Wien
Tel: 502 42-0, Fax: 502 42-15
www.bwa.at, bwa@bwa.at

Vereinigung österreichischer Investmentgesellschaften
Schubertring 9-11/2. Stock/Top33
1010 Wien
Tel: 718 83 33, Fax: 718 83 33 8
www.voeig.at

Wiener Börse AG
Strauchgasse 1-3
1014 Wien
Tel: 531 65 0, Fax: 532 97 40
www.wbag.at, info@wbag.at

Die wichtigsten Begriffe rund ums Geld

A

Abfindung Einmalige Kapitalauszahlung oder Abfertigung (Versicherung, Pensionskasse)

Absicherungsverhältnis (Hedge Ratio) Definiert, wie viele Optionen im Verhältnis zur Anzahl der Basiswerte benötigt werden, um sich gegen Preisveränderungen im Basiswert abzusichern

Absonderungsansprüche In einem Insolvenzverfahren (meist Konkurs) werden bestimmte Ansprüche bevorzugt behandelt.

Abwicklung (Settlement) Durchführung der geld- und stückmäßigen Erfüllung von Börsegeschäften

Abwicklungspreis (Settlement-Preis) Jener Preis, zu dem Börsegeschäfte erfüllt werden. Dieser wird bei Termingeschäften am letzten Handelstag festgelegt

Adjustment Änderung eines bereits abgeschlossenen Wertpapiergeschäftes hinsichtlich Konto, Mitglied, Eröffnung und/oder Glattstellung. Adjustments werden auf Antrag des betreffenden Handelsmitgliedes nach dem Börsehandel durch die Clearing-Stelle durchgeführt

Agio Aufgeld oder Aufschlag: Spesen beim Kauf eines Wertpapiers; Gegensatz Disagio

Aktie Verbrieft einen Anteil am Grundkapital einer Aktiengesellschaft. Der Inhaber hat im Rahmen seiner Anteile ein Mitspracherecht und nimmt Anteil am Unternehmenserfolg. Der Kurs ergibt sich aus Angebot und Nachfrage an der Börse, er repräsentiert den Wert des Unternehmens

Aktienfonds Investmentfonds, die in Aktien eines bestimmten Landes, einer festgelegten Region, weltweit oder in eine Branche investieren. Sie bieten Anlegern die Chance, sich auch mit relativ geringem Kapitaleinsatz an ausgewählten Märkten zu engagieren und eine attraktive „Rendite“ bei reduziertem Risiko zu erzielen

Aktienkurs Preis von an den Börsen gehandelten Aktien. Der Kurs bildet sich auf Grund des Angebotes und der Nachfrage zum Zeitpunkt der Kursbildung. Einflussfaktoren sind dabei die wirtschaftlichen Erwartungen, die in ein börsenotiertes Unternehmen gesetzt werden, aber auch volkswirtschaftliche Rahmenbedingungen, Spekulationen und Interessenkäufe

Aktienoption Option, deren Basiswert eine Aktie ist

Aktiensplit Der Nennwert wird in kleinere Einheiten geteilt, wobei das Grundkapital und der Gesamtwert der Aktien unverändert bleiben

Aktionär Inhaber von Aktien, dem Vermögens- und Mitspracherechte zustehen

Aktionärsbrief Informationen des Vorstandes einer AG an die Aktionäre, in welchem diese während eines Geschäftsjahres, meist halb- oder vierteljährlich, über den Geschäftsgang des Unternehmens informiert werden

Allfinanz Bankdienstleistungen aus einer Hand. Neben traditionellen Bankprodukten werden auch Versicherungen, Bausparverträge oder Produktkombinationen aus Bank- und Versicherungsprodukten angeboten, z. B. fondsgebundene Lebensversicherung

Alpha-Faktor Zeigt, ob eine Aktie Über- oder Unterbewertung ist. Ein positiver Alpha-Faktor für eine Aktie bedeutet, dass die Aktie unterbewertet, ein negativer Alpha-Faktor, dass sie überbewertet ist

Amortisation Zumeist ratenweise Tilgung einer Schuld

Andienungspreis (Invoice Amount) Jener Betrag, der bei der Lieferung einer bestimmten Anleihe am Liefertag zu bezahlen ist

Anlagefonds Gesellschaft, die je nach Fondsziel in Aktien, Schuldverschreibungen (Anleihen), verschiedenen Währungen oder gemischten Anlagedepots investiert. Als Anleger kauft man Fondsanteile oder Fondszertifikate

Anlage-Polizze Kapitalversicherung

Anleihe Forderungspapier mit genau festgelegten Bedingungen hinsichtlich Verzinsung, Laufzeit und Rückzahlungsverpflichtungen, mit dem die Großschuldner längerfristige Darlehen aufnehmen. Großschuldner sind die öffentliche Hand (Bund, Länder, Gemeinden), Großunternehmen und Banken. Diese Wertpapiere verbriefen im Gegensatz zur Aktie ein Schuld- und kein Miteigentumsrecht

Anonyme Konten Spar- oder Wertpapierkonten, die lediglich eine Nummer tragen und eingerichtet wurden, ohne dass der Name des Kontoinhabers bekannt war. In Österreich nicht mehr möglich seit 1. November 2000

Ansparplan Anleger haben die Möglichkeit, durch den Kauf von Investmentfondsanteilen bereits mit regelmäßigen kleinen Beträgen anzusparen

Anteilsschein Anteilspapier an einem Anlagefonds, auch Zertifikat

Antragsrecht Recht der Aktionäre, in der Hauptversammlung selbst Anträge zu stellen

Arbitrage Zur Erzielung von Gewinnen werden Preisunterschiede für ein und dasselbe Produkt an verschiedenen Märkten ausnützt. Z. B. Unterschiede von gleichwertigen Positionen am Kassa- und Terminmarkt oder auch Kursunterschiede einer Aktie an verschiedenen Börsen

Asset Allocation Aufteilung eines Wertpapierdepots in Aktien, Obligationen, Geldmarktanlagen, Währungen, Branchen, Fälligkeiten usw.

ASK Angebot(Brief), Briefkurs Preis, zu dem ein Verkäufer bereit ist, ein Wertpapier (Aktie, festverzinsliches Papier) zu verkaufen. Gegensatz dazu: Bid Asset Allocation Aufteilung eines Wertpapierdepots in Aktien, Obligationen, Geldmarktanlagen, Währungen, Branchen, Fälligkeiten usw.

ATX (Austrian Traded Index) Von der Wiener Börse entwickelter und real-time berechneter Preisindex, der das Blue-Chip-Segment des österreichischen Aktienmarktes abdeckt und die rund 20 liquidesten Aktien der Wiener Börse enthält. Die Aktien werden nach ihrer Marktkapitalisierung gewichtet, weshalb Werte mit hoher Kapitalisierung einen stärkeren Einfluss auf den ATX haben. Der ATX ist Basiswert für an der Wiener Börse gehandelte und in Euro abgerechnete Futures und Optionen. Ausgangspunkt für die Berechnung des ATX ist der 2. Jänner 1991 mit 1.000 Punkten

Aufgeschobene Rente Rente, deren Auszahlung erst ein paar Jahre nach Einzahlung des Kapitals oder des Vertragsabschlusses gilt

Ausgabeaufschlag Einmalige Spesen beim Erwerb von Investmentfondsanteilen

Ausschüttung Jener Teil des Gewinnes, der bei Beteiligungspapieren (Aktien) bzw. Investmentzertifikaten an die Eigentümer ausbezahlt wird

Auszahlungsplan Regelmäßige Pensionszahlung aus einem über Investmentfonds angesparten Kapital

B

Baisse Andauernder, allgemeiner Kursrückgang an der Börse. Leitet sich vom französischen baisser (= sinken) ab. Auch Bear Market genannt. Gegensatz: Hausse

Bankgeheimnis Kreditinstitute, ihre Gesellschafter, Organmitglieder, Beschäftigte sowie sonst für Kreditinstitute tätige Personen dürfen Geheimnisse, die ihnen ausschließlich auf Grund der Geschäftsverbindung mit Kunden oder auf Grund von sonstigen Auskünften wie z.B. der Oesterreichischen Nationalbank im Zusammenhang mit der Großkreditmeldung anvertraut oder zugänglich gemacht worden sind, nicht offenbaren oder verwerten

Barausgleich (Cash-Settlement) Ersetzt die Lieferung und die Zahlung des Basiswertes. Die Unterschiede aus Futures- und Optionspositionen werden beim Bauausgleich direkt ausgezahlt bzw. eingefordert

Basis Differenz zwischen Termin- und Kassakurs. Man spricht von einer positiven Basis, wenn der Terminkurs höher als der Kassakurs ist, von einer negativen, wenn der Terminkurs niedriger als der Kassakurs ist

Basispreis Ausgangspreis, ab dem z. B. eine Option gerechnet wird

Basiswert (Underlying) Das Termingeschäften zugrunde liegende Gut, z. B. Aktien, Anleihen oder Waren

Basket Korb von verschiedenen Wertpapieren, z. B. Aktien einer Branche, Region usw.

Begünstigter jene Person, die im Versicherungsvertrag als Bezugsberechtigte der Versicherungssumme vereinbart wird

Begünstigung Person(en), die im Erlebensfall/Todesfall die Auszahlung der Versicherungssumme erhalten

Belehnungsgrenze Bei der Kreditaufnahme wird von den Banken nicht der volle Verkehrswert einer Sicherheit (Immobilien, Wertpapiere) belehnt, sondern je nach Schwankung und Verwertbarkeit nur ein bestimmter Teil davon

Benchmark Vergleichsgröße zur Beurteilung des Anlageerfolges

Bestensauftrag Unlimitierter Börsenauftrag, ist zu vermeiden; es droht das Risiko, zu überhöhtem Kurs zu kaufen oder zu untersetztem Kurs zu verkaufen. Gegensatz: Limitierter Auftrag

Beta-Faktor Maßzahl, um wie viel eine Aktie stärker (Zahl über 1) oder schwächer schwankt (Zahl unter 1) als die Gesamtbörse

Beteiligungsaktie Enthält eine mehr oder weniger große Anzahl an Aktienbeteiligungen verschiedener Unternehmungen

Bezugsfrist Zeitspanne, innerhalb dieser sich der Aktionär für die Ausübung des Bezugsrechtes zu entscheiden hat, d. h. ob er sich an einer Kapitalerhöhung beteiligt oder nicht

Bezugsrecht Vorkaufsrecht der Aktionäre auf die im Rahmen einer Kapitalerhöhung begebenen jungen Aktien. Der errechnete Wert des Bezugsrechtes und der Kurs, zu dem es gehandelt wird, können differenzieren, da sich der Kurs aus Angebot und Nachfrage ergibt

BID Geldkurs, steht für Nachfrage, Kaufangebot. Man versteht darunter den Preis, den ein Käufer für z. B. eine Aktie oder ein festverzinsliches Wertpapier zu zahlen bereit ist

Bilanz Gibt Auskunft über die Vermögens- und Kapitalstruktur sowie über den wirtschaftlichen Erfolg einer Gesellschaft. Die Bilanzdaten werden zu aussagefähigen Kennzahlen verdichtet.

Blue-Chip Erstklassige Aktie eines multinational tätigen Großunternehmens mit sehr guter Bonität und langfristig sicheren Zukunftsperspektiven und einer stabilen Dividendenpolitik. Namensgeber waren die blauen Jetons (Chips) im Casino Monte Carlo, die den höchsten Wert haben

Bond Amerikanisch für Obligation/Rente/Anleihe/Schuldverschreibung

Bond Futures Jene „unbedingten" Termingeschäfte, deren Basiswert eine Anleihe (engl. bond) ist

Bonität Qualität eines Schuldners/Schuldpapiers, Kreditwürdigkeit

Bonus Gewinnbeteiligung in einer Kapitalversicherungspolizze, wird manchmal auch als Prämienvergünstigung ausgezahlt

Bookbuilding Relativ neue Form der Platzierung von Wertpapieren. Hierbei wirken Investoren an der Findung des Emissionspreises direkt mit. Durch das Bookbuilding sollen sowohl Anleger als auch Emittenten profitieren

Börse Organisierter und reglementierter Markt für den Handel von offiziell zugelassenen Beteiligungspapieren an Aktiengesellschaften (Effektenbörsen), Währungen (Devisenbörsen) oder bestimmten Waren (Rohstoffbörsen)

Börseumsatzsteuer (BUSt) Kapitalverkehrssteuer, die beim Erwerb von Anleihen und Aktien anfällt. Wurde in Österreich abgeschafft

Bottom up Investmentstil, wo in erster Linie auf die Auswahl guter Titel und erst in zweiter Linie auf das große Umfeld geachtet wird. Gegensatz: Top down

Branchenfonds Aktienfonds, die in einzelnen Branchen wie Erdöl, Pharma usw. oder in ein Thema investieren

Briefkurs Kurs, zu dem Wertpapiere, Devisen, Rohstoffe zum Verkauf angeboten werden

Broker Vermittler oder Händler von Wertpapieren, Versicherungen und anderen Finanzdienstleistungen, der für fremde Rechnung Börsegeschäfte ausführt

Buchwert Entspricht dem Eigenkapital dividiert durch die Anzahl der Aktien. Liegt der Buchwert erheblich über dem Kurs einer Aktie, so ist dies als ein mögliches Kaufsignal anzusehen

C

Call (Kaufoption) Verbrieft das Recht, den Basiswert innerhalb eines festgelegten Zeitraumes zu einem bestimmten Preis zu kaufen. Der Call kann gekauft und verkauft werden

Cashflow Engl. für Liquiditätszufluss; der Jahresgewinn eines Unternehmens vor Abschreibungen und Rückstellungen

Chart Grafische Darstellung einer Börsenkursentwicklung

Clean Price Preis einer Anleihe ohne Berücksichtigung der Stückzinsen

Closed-End-Fund Beteiligungsaktie für eine Branche, für ein Land, für einen Börsenindex

Compound-Yield Gesamtrendite aus Kursgewinn/Verlust plus Zinsertrag

Contrary-Methode Investieren gegen den vorherrschenden Trend

Cost-Average-Effekt Durchschnittspreis-Methode – Bei Anlagesparplänen mit regelmäßigen Einzahlungen erreicht der Anleger, dass bei fallenden Kursen mehr, bei steigenden Kursen weniger Fondsanteile erworben werden. Dies führt zu einem insgesamt günstigen Durchschnittspreis

Coupon Zins- oder Dividendenscheine, die das Recht zum Empfang fälliger Zinsen oder Dividenden verbriefen

Courtage Kommission; Gebühr der Banken und Broker im Wertschriftenhandel

Crash Börsensturz an einem Tag von über 20 %

D

Dachfonds Besondere Art von Investmentfonds, die nicht in einzelne Wertpapiere investieren, sondern andere Investmentfonds erwerben und dadurch eine breite Risikostreuung erreichen.

Day-Trading Spekulation mit Tagesschwankungen von Börsenkursen

Deckungsstock Vermögenswerte bei einer Versicherung zur Sicherung der Verbindlichkeiten gegenüber den Versicherten

Deflation Anhaltend rückläufiges Preisniveau – sinkende Konsumentenpreise – Anstieg der Kaufkraft des Geldes

Delta Sensitivitätsfaktor, der die absolute Veränderung des Optionspreises beschreibt, wenn sich der Kurs des Basiswertes um eine Einheit verändert

Depot Wertpapiere können bei Kreditinstituten zur Verwahrung und Verwaltung hinterlegt werden. Für jeden Kunden wird ein Depot eingerichtet

Depotbank Wird von der Kapitalanlagegesellschaft mit der Verwahrung der zum Sondervermögen gehörenden Vermögensgegenstände beauftragt. Darüber hinaus hat sie noch weit reichende Kontroll- und Mitbewirkungsbefugnisse bei der Abwicklung des Investmentgeschäftes. Durch die Einschaltung einer Depotbank ist das Sondervermögen dem unmittelbaren Zugriff der KAG (Kapitalanlagegesellschaft) entzogen

Depotgebühr Meist jährlich für das Führen eines Wertpapierdepots

Depression Wirtschaftskrise mit schrumpfenden und sinkenden Preisen

Derivate Rechte, deren Marktpreise direkt oder indirekt von der Kursentwicklung anderer Finanzinstrumente (Basiswert) abhängen. Zu den Derivaten gehören Futures und Optionen

Devisenkurs Wechselkurs von Währungen für den bargeldlosen Zahlungsverkehr (z. B. Überweisungen, Wertpapierkauf)

Diskontbroker Broker, der für seine Börsegeschäfte eine Kommission verrechnet, die erheblich unter den offiziellen Richtlinien liegt

Diskontsatz Zinssatz zur Refinanzierung der Geschäftsbanken durch die Oesterreichische Nationalbank. Die Geschäftsbanken verschaffen sich flüssige Mittel, indem sie Wechsel, die ihre Kunden ausgestellt haben, an die Oesterreichische Nationalbank verkaufen

Diversifikation Risikostreuung auf mehrere statt nur eine Anlage oder auf geografisch verschiedene Gebiete

Dividende Ausgeschütteter, steuerpflichtiger Gewinnanteil pro Aktie

Dow Jones Industrial Bekanntester Aktien-Index der US-Börse der 30 führenden Industriewerte

Duration Stellt mathematisch die durchschnittliche Restlaufzeit eines Renten(Anleihen)depots dar

Durchschnittspreis-Methode Kostengünstiger, regelmäßig gestaffelter Einkauf von Anlagen, z. B. Aktienfonds, für stets denselben Geldbetrag (siehe Cost-Average-Effekt)

E

EBIT (Earnings before interests and taxes) Absolute Ertragskennzahl einer Unternehmung. Jahresüberschuss vor Steuern, Zinsergebnis und vor dem außerordentlichen Ergebnis

EBITA (Earnings before interests, taxes, depreciation and amortization) Absolute Ertragskennzahl einer Unternehmung. Jahresüberschuss vor Steuern, Zinsergebnis und Abschreibungen. Zur Beurteilung der operativen Ertragskraft eines Unternehmens

Effekten Bezeichnung für die am Kapitalmarkt handelbaren, vertretbaren Kapitalwertpapiere

Effektivverzinsung Errechnet sich aus der laufenden Verzinsung, den Kosten, den Tilgungsgewinnen bzw. -verlusten, das ist die Differenz zwischen Tilgungskurs und Anschaffungskurs und der Laufzeit. Wird häufig auch als Rendite bezeichnet

Einkommensfonds Form von Investmentfonds, deren Hauptaugenmerk auf möglichst hohen, gleichmäßigen Ausschüttungen liegt

Einmaleinlage, Einmalprämie, Einmalbeitrag Einmalige Einzahlung in einer Versicherungspolizze gleich bei Vertragsbeginn im Unterschied zur regelmäßigen Prämienzahlung

Einschuss (Initial-Margin) Jener Geldbetrag, der bei Termingeschäften zur Transaktionseröffnung als Sicherheit hinterlegt werden muss

Emerging-Markets Schwellenländer, junge aufstrebende Wirtschaftsnationen (Asien, Lateinamerika, Osteuropa)

Emission Begebung oder Ausgabe von Wertpapieren zur Kapitalbeschaffung von Unternehmen, Ländern usw. Es kommt häufig vor, dass diese überzeichnet sind, so dass die Anleger oft nur eine geringe Stückzahl zugeteilt bekommen

Emissionssyndikat (Konsortium) Zusammenschluss von Kreditinstituten, um eine Wertpapieremission für einen Kunden durchzuführen. Es soll damit ein möglichst großer Kreis von Interessenten angesprochen und das eigene Risiko gering gehalten werden

Emittent Herausgeber eines Wertpapiers, bei Anleihen: der Schuldner

Er- und Ablebensversicherung Klassische Form der Lebensversicherung, Kombination aus hoher Ansparprämie mit Risikoschutz im Ablebensfall

Erlebensfall Die versicherte Person erlebt das Ablaufdatum der Polizze

Ertrag Zu den Erträgen eines Wertpapieres gehören Zins-, Dividendenzahlungen und sonstige Ausschüttungen sowie Wertsteigerungen in Folge von Kurserhöhungen

Etappierung Strategie für den Vermögensaufbau und den Vermögensverzehr

Ethische Anlagen Anlagefonds oder Beteiligungsaktien mit einer Ausschlussliste, z. B. keine Rüstung, kein Alkohol, kein Tabak usw.

EWU Europäische Währungsunion ab 1. Januar 1999

Exchange Delivery Settlement Price (EDSP) Preis eines Futures am letzten Handelstag, zu dem bei Lieferung abgerechnet wird

F

Festgeld Geldmarktanlage mit einer im Voraus vereinbarten festen Laufzeit und einem festen Zinssatz, in der Regel 30, 60, 90, 180, 360 Tage bis mehrere Jahre

Festverzinsliche Wertpapiere Obligationen, Renten, Anleihen, Schuldverschreibungen

Floater Anleihen mit variablem Zinssatz, der zu genau festgelegten Zeitpunkten dem Marktzins angepasst wird

Floor Untere, abgesicherte Grenze eines Wertpapiers, z. B. bei Absicherungsfonds

Fonds Kurzform für Anlagefonds

Fondsgebundene Lebensversicherung Kombination aus einer Risikoversicherung und einer Sparvariante, das Kapital wird nicht in einen Deckungsstock, sondern in Investmentfonds investiert

Fondsmanagement Verantwortliche, welche die Anlageentscheidungen für den jeweiligen Investmentfonds treffen

Forderungspapier Wertpapier, das eine Forderung des Inhabers gegenüber dem Emittenten verbrieft, wie z. B. Anleihen, Pfand- und Kommunalbriefe

Formation Charakteristischer Kursverlauf, der im Rahmen der Chartanalyse Prognosen über die künftige Kursentwicklung ermöglichen soll

Fund of Funds Siehe Dachfonds

Fundamentalanalyse Methode zur Bewertung von Anlageobjekten (z. B. Aktien oder Anleihen), bei der man sich nicht wie bei der technischen Analyse an Kursverläufen der Vergangenheit orientiert, sondern an Wirtschaftsdaten, und zwar sowohl an allgemeinen Wirtschaftsdaten wie auch an solchen, die direkt auf das zu analysierende Anlageobjekt bezogen sind

Future Fonds Fonds, die ihr Geld durch genau gesteuerte Spekulationen in Optionen und Futures verdienen; meist schlagen Computer die Investitionsentscheidung vor

Futures (unbedingtes Termingeschäft) Verpflichtung, zu einem genau definierten Zeitpunkt einen bestimmten Basiswert (z. B. Anleihe) zu einem vorher festgelegten Preis kaufen oder verkaufen zu müssen. Futures sind hinsichtlich ihrer Ausgestaltung standardisiert und daher börsehandelbar. Nicht börsegehandelte Futures werden als Forwards bezeichnet

G

Gamma Jener Sensitivfaktor, der die absolute Veränderung des Delta beschreibt, wenn sich der Kurs des Basiswertes um eine Einheit verändert. Mathematisch betrachtet, entspricht Gamma der zweiten Ableitung des Optionspreises nach dem Kurs des Basiswertes

Garantieprodukte Geldanlagen in Optionen und Futures, die mit Mindestgarantien (meist 100 % des Kapitaleinsatzes) versehen sind

Garantierter Zins Garantierte Mindestverzinsung auf dem Sparteil einer Versicherungspolizze

Geldmarkt Markt für kurz- und mittelfristige Forderungen und Verbindlichkeiten. Am Geldmarkt werden auch Guthaben von Zentralbanken gehandelt

Geldmarktfonds Werden von Investmentgesellschaften herausgegeben, die Gelder von Anlegern sammeln und den Gegenwert am Geldmarkt, also kurzfristig, anlegen

Geldwerte Zinstragende Schuldpapiere: Festgeld, Obligationen, Kassaobligationen, Sparanlagen, Kapitalversicherung. Der Schuldner garantiert Kapital und Zinsausschüttungen

Gemischte Versicherung Klassische Kapitalversicherung mit Versicherungsteil gegen Todesfall und einer Sparversion

Genussrecht Berechtigt zu einem gewissen Anteil am Reingewinn und/oder am Liquidationserlös eines Unternehmens. Das Genussrecht wird im So genannten Genussschein verbrieft und beinhaltet weder ein Stimmrecht noch sonstige Rechte am Unternehmen

Genussschein Während eine Aktie ein Gesellschaftsrecht beurkundet, verbrieft der Genussschein das Genussrecht am Reingewinn oder am Liquidationserlös eines Unternehmens

Going Public Wechsel einer Unternehmung aus bisherigem Privatbesitz in eine (teilweise) Publikumsgesellschaft, auch IPO (Initial Public Offering) genannt

Gratisdepot Gratis-Aktienaufbewahrung bei der jeweiligen Aktiengesellschaft selbst

Greenspan, Alan US-Notenbankdirektor der FED

Grenzsteuer Individueller oberster Progressionssatz bei der Einkommenssteuer

Growth–Investor Setzt auf wachstumsstarke, im Trend liegende Branchen und Aktien

H

Hausse Phase mit stark und anhaltend steigenden Kursen. Gegenteil von Baisse

Hedge Funds Aggressive und spekulative Anlagefonds mit freier Wahl der Anlage, auch in Optionen und Terminkontrakten

High-Yield-Bonds Schrott-Obligationen, Junk Bonds, Anleihen, die auf Grund zweifelhafter Kreditwürdigkeit des Emittenten ein hohes Ausfallsrisiko bei überdurchschnittlicher Verzinsung aufweisen

I

Immobilienfonds In ihnen werden die Rechte an Zinshäusern und anderen Immobilien, die Erträge oder Wertsteigerungen versprechen, gebündelt

Implizite Volatilität Von den Marktteilnehmern erwartete Kursschwankungsbreite eines Basiswertes für einen bestimmten zukünftigen Zeitraum. Wird anhand der am Markt tatsächlich existierenden Optionspreise abgeleitet

Index Maßzahl für die Entwicklung bestimmter Wertpapiermärkte

Indexaktie Anteile an einem Wertpapierindex, der wie eine Aktie während der ganzen täglichen Börsenzeit gehandelt wird

Indexfonds Sonderform von Investmentfonds. Bildet mit seinen Anlagen den Index nach, meist den Börsenindex eines Landes oder einer Branche

Indexierung Entsprechend der Inflation steigende Rente, Zins oder auch Lohn

Inflation Mit einer jährlichen Inflationsrate von 3,5 % verdoppeln sich die Preise alle 20 Jahre. Oder die Kaufkraft eines Euro/Schillings halbiert sich, d. h. Verminderung des Geldwertes oder der realen Kaufkraft

Inhaberaktie „Normalaktie" mit Stimmrecht. Kann ohne große Formalitäten an einen anderen Inhaber verkauft, verschenkt oder vererbt werden. Siehe Gegenstück Namensaktie

Innerer Wert Bei Investmentfonds jener Wert, den die Wertpapiere im Fonds tatsächlich repräsentierten

Insolvenz Zahlungsunfähigkeit des Schuldners

Institutionelle Anleger Großunternehmen wie Versicherungen, Pensionskassen und Kapitalanlagegesellschaften, die hohe Geldbeträge (oft längerfristig) veranlagen

Inventarwert Wie viel Wert die verschiedenen Anlagen eines Fonds, einer Aktiengesellschaft oder eines Depots zusammen haben

Inverse Zinskurve Die kurzfristigen Geldmarktzinsen sind höher als die langfristigen Anleihenzinsen

Investmentgesellschaft Kapitalanlagegesellschaft

Investmentzertifikat Anteilsschein an einem Anlagefonds

IPO Initial Public Offering, erstmalige Ausgabe/Emission von Aktien, auch Going Public genannt

J

Junge Aktien Jene Aktien, die im Rahmen einer Kapitalerhöhung neu ausgegeben werden. Sobald sie hinsichtlich Dividende usw. den alten Aktien gleichgestellt sind, entfällt die Bezeichnung „Junge Aktien“

Junk Bonds Schrott-Obligationen von schlechter Qualität/Bonität

K

Kapitalauszahlung (KAG) Auszahlung der Pensionskasse, Stiftung oder Versicherung bei Pensionierung, Kündigung oder Ablauf. Auch Ablaufleistung, Abfindung, Abfertigung

Kapitalgewinn Kursgewinn; steuerfrei (Schweiz) oder bedingt steuerfrei nach Einhaltung einer Spekulationsfrist oder Haltedauer von einem Jahr (in Deutschland und Österreich)

Kapitalherabsetzung Reduktion des Grundkapitals, um z. B. entstandene Verluste zu beseitigen; wird meist im Rahmen einer Sanierung vorgenommen

Kapitalmarkt Markt für mittel und langfristige Zinsanlagen. Markt für kurzfristige Zinsanlagen = Geldmarkt

Kapitalversicherung Lebensversicherung mit einem zusätzlichen Sparteil für die Vermehrung von Privatkapital. Andere Namen dafür: Gemischte Versicherung/Polizze, Anlage-Polizze, Investmentpolizze

Kassaobligationen Laufend neu herausgegebene Obligationen von Banken mit Laufzeiten von drei bis acht Jahren. Sie werden (bisher) nicht an der Börse gehandelt

KESt Kapitalertragsteuer in Höhe von 25 %. Sie ist eine Art Einkommenssteuer für Kapitalerträge aus Geldeinlagen bei Banken, aus festverzinslichen Wertpapieren, Erträgen aus Aktien, Anteilen aus Gesellschaften mbH, Erwerbs- und Wirtschaftsgenossenschaften, aus Genussrechten und Partizipationskapital usw. Auf inländische Wertpapiere ist die KESt gleichzeitig die „letzte“ Besteuerung, die Endbesteuerung

Kommission Courtage, Händlergebühr

Kommunalbrief Forderungspapier, dessen Emissionserlös den Ländern und Gemeinden zufließt. Die Forderungen der Anleger sind durch Pfandrechte an Einnahmen (allenfalls durch Grundstücke) der Länder und Gemeinden gesichert

Konsortialbanken Banken, die gemeinsam ein Emissionssyndikat bilden

Kontrakt Synonym für einen börsegehandelten Vertrag

Kontraktgröße Anzahl der Basiswerte, die Gegenstand eines Optionskontraktes sind

Kontraktwert Beschreibt die einem Termingeschäft tatsächlich zugrunde liegenden Werte. Der Kontraktwert errechnet sich aus der Zahl der Kontrakte mal Kontraktgröße mal Kurs des Basiswertes

Konversion Umwandlung eines Forderungspapieres in ein anderes mit veränderten Bedingungen

Konversionsfaktor (Preisfaktor) Faktor, der für jede lieferbare Anleihe bekannt gegeben wird und der Umrechnung des Anleihenpreises auf den idealtypischen Basiswert (und umgekehrt) dient

Kostgeschäft (Pensionsgeschäft) Geschäfte, bei denen der Besitzer von Vermögenswerten (z. B. Wertpapiere) diese an einen Dritten (Pensionsnehmer) für eine begrenzte Zeit unter Übernahme der Rückkaufverpflichtung veräußert. Der Zeitpunkt der Rückgabe ist von Vornherein vereinbart oder wird später festgelegt. Für die Zeit des Kostgeschäftes geht das Eigentum an den Vermögenswerten an den Pensionsnehmer über

Kostolany, André Börsenguru

Kotierung Aufnahme eines Wertpapiers in den Börsenhandel

Kreditrestschuldversicherung Spezielle Art der Lebensversicherung, die im Todesfall genau den Saldo eines aushaftenden Kredites abdeckt

Kurs/Gewinn-Verhältnis (KGV) Aktienkurs einer Unternehmung geteilt durch den aktuellen oder geschätzten Gewinn pro Aktie. Ein tiefes KGV bedeutet eine tiefe Börsenbewertung. Engl. Price/Earning-Ratio oder kurz PE

Kursgewinn Positive Differenz zwischen Kauf- und Verkaufskurs eines Wertpapiers – siehe auch Kapitalgewinn

Kurszusatz Zusatzinformation zu den Börsekursen, die der genaueren Kennzeichnung der Marktlage dienen. Dazu zählen eB für „ex Bezugsrecht“ und eD für „ex Dividende“

L

Large Caps Aktiengesellschaften mit großer Börsenkapitalisierung, meist Blue-Chips

Lebenslänglich ausgezahlte Privatrente Leibrente

Lebensversicherung Risikoversicherung ohne Sparteile, checkt während einer vereinbarten Anzahl Jahre nur das Risiko des Todesfalls ab

Leerverkäufe Verkauf eines Wertpapieres ohne physische Deckung, es entsteht eine Short Position. Der Leerverkäufer borgt sich das Wertpapier aus und verkauft es mit der Absicht, das gleiche Wertpapier zu einem späteren Zeitpunkt günstiger zurückzukaufen und es dem Verborger retournieren zu können

LIBOR (London Interbank Offered Rate) Im Interbankenhandel am Londoner Geldmarkt angewendeter kurzfristiger Referenzzinssatz, zu dem eine Bank einer anderen kurzfristige Einlagen überlässt bzw. Geldmarktkredite aufnimmt

Limitierter Auftrag (Limit Order) Auftrag mit Angabe eines Preislimits. Ein limitierter Kaufauftrag muss zum Preislimit oder zu einem niedrigeren Kurs ausgeführt werden. Ein limitierter Verkaufsauftrag muss zum Preislimit oder zu einem höheren Kurs ausgeführt werden. Weiters gibt es Einschränkungen, wie lange ein Auftrag gültig sein soll (Zeitlimit)

Liquidität Kassahaltung; Geld, das auf dem Konto oder im Geldmarkt liegt; in einem liquiden Markt gibt es stets viele Käufer und Verkäufer

Lombardkredit Bankkredit, zu dessen Sicherheit Wertpapiere hinterlegt oder verpfändet sind

Lombardsatz Zinssatz für Darlehen, welche die Oesterreichische Nationalbank den Geschäftsbanken gegen Verpfändungen von Wertpapieren gewährt. Die Geschäftsbanken bleiben Eigentümer der verpfändeten Wertpapiere

M

Magisches Dreieck Das magische Dreieck der Vermögensveranlagung veranschaulicht den Konflikt zwischen Sicherheit, Liquidität und Rendite. Anleger versuchen, die für sie optimale Abstimmung dieser drei Faktoren zu verwirklichen

Mantel Jener Teil des Wertpapieres, in dem das Anteils- bzw. Forderungsrecht verbrieft ist. Ergänzt wird der Mantel durch den Kupon

Marchzins Zins auf einer Obligation, der seit dem letzten Zinstermin bis zu einem bestimmten Zeitpunkt aufgelaufen, aber noch nicht fällig ist

Marktkapitalisierung Börsemäßiger Wert eines Unternehmens. Die Berechnung erfolgt durch Multiplikation der Anzahl der Aktien mit dem aktuellen Börsekurs der jeweiligen Gesellschaft

Marktzins Aktuell marktüblicher Zins je nach Laufzeit einer Zinsanlage (Kassaobligation, Obligation, Geldmarktpapier)

Micro Caps Kleinste Aktiengesellschaften und solche, die erst an den Aktienmarkt kommen

Mid Caps Engl. Bez. für Unternehmen mit mittlerer Marktkapitalisierung

Momentum-Methode Dem Trend folgen; kaufe hoch, verkaufe höher

Mündelsicher Bezeichnung für mit besonderen Sicherheiten ausgestattete Geldanlageformen, wie z. B. Pfand- oder Kommunalbriefe

Mutual Fund Amerikanische Bezeichnung für Anlagefonds

N

Nachversteuerung Manche Steuerbegünstigungen sind an bestimmte Bedingungen, vor allem an Mindestbindungsfristen oder die Auszahlung als Renten gebunden. Werden diese Bedingungen nicht eingehalten, kommt häufig eine definierte Art der Nachversteuerung der Erträge zum Tragen

Namensaktie Im Aktienregister der Unternehmung auf den Namen des Besitzers eingetragene Aktie. Dadurch kann sich der Kauf oder Verkauf der Aktie erschweren. Gegensatz: Inhaberaktie, Partizipationsschein

Nebenkosten Jährliche Kosten für eine Immobilie nebst den Hypothekarzinsen

Nebenwerte Kleine bis mittelgroße Aktiengesellschaften

Nennwert (Nominalwert, Nominale) Geldbetrag, auf den ein Wertpapier lautet. Mit diesem Betrag ist der Aktionär am nominellen Grundkapital der Gesellschaft beteiligt. Im Zuge der Einführung einer einheitlichen europäischen Währung wurde auch der Nennwert österreichischer Aktien auf Euro umgestellt.

Net Asset Value NAV Inventarwert

Nikkei Index Japanischer Aktienindex, der seit 1949 berechnet wird. Der Nikkei 225 besteht aus 225 japanischen Werten, seine Ermittlung erfolgt laufend.

Nostrogeschäft Wertpapiergeschäft, das die Bank auf eigene Rechnung abschließt

Nullkuponanleihe (Zerabond) Forderungspapier, bei dem es keine jährlichen Zinszahlungen gibt. Die Rendite ergibt sich aus der großen Differenz zwischen Emissions- und Tilgungskurs, bezogen auf die Laufzeit

Nullprozenter Obligation oder „Zerobond" mit einem Zinscoupon von 0 %. Rechnerisch erhält man den heutigen Kurs dieses Nullprozenters, indem der ausstehende Zins bis zur Rückzahlung vom Rückzahlungskurs abgezogen (= diskontiert) wird

O

Obligation Sammelbegriff für festverzinsliche Wertpapiere wie Anleihen, Renten, Pfandbriefe usw. mit festem Zins und fester Laufzeit

Offener Fonds Investmentfonds, bei dem die Zahl der Investmentzertifikate nicht begrenzt ist. Es können je nach Nachfrage fortlaufend neue Investmentzertifikate ausgegeben werden

Option Berechtigt zum zukünftigen Kauf (= Call) oder Verkauf (= Put) einer Aktie, einer Währung, eines Rohstoffs zu einem fixierten Preis in einer bestimmten Frist

Optionsanleihe Obligationen von Firmen, denen meist als Ausgleich zur niedrigen Verzinsung ein Optionsschein beigefügt ist. Die Obligation wird bei Fälligkeit zu 100 % zurückgezahlt, der Optionsschein zusammen mit der Anleihe oder separat gehandelt

Optionsklasse Alle Optionen desselben Typs mit gleichem Basiswert

Optionspreis (Prämie, Premium) Preis, der für eine Option bezahlt wird, abhängig von Angebot und Nachfrage

Optionsschein Nicht standardisierte Option, z. B. aus einer Optionsanleihe. (engl. warrant)

OTC-Markt Abkürzung für Over-The-Counter-Market = außerbörslicher Handel

P

Pari 100 % Nominalwert; z. B. der Rückzahlungskurs einer Obligation. Ein Kurs über 100 % bedeutet „über pari"

Partizipationsschein (PS) Inhaberpapiere, durch die der Anleger am Vermögen und am Geschäftserfolg eines Unternehmens beteiligt ist. Sie sind der Vorzugsaktie sehr ähnlich, da zwar nicht alle, aber ein Teil der Rechte des Aktionärs auch dem Inhaber eines Partizipationsscheines zustehen

Passives Investieren Anlegen gemäß dem Börsenindex, wie z. B. Indexaktien oder Indexfonds

Pensionsgeld Vermögen im Pensionsalter

Performance Gesamtresultat oder -ertrag in einer bestimmten Zeitperiode = Kursgewinn/Verlust + Ausschüttungen; genau definierte Art der Berechnung eines Ertrages von Vermögensanlagen

Pfandbrief Forderungspapier, mit dessen Emissionserlös Hypothekarkredite finanziert werden, für die der Kreditnehmer seine Liegenschaft im ersten Rang als Sicherstellung verpfändet. Die Ausgabe darf nur über berechtigte Banken, sogenannte Hypothekenbanken erfolgen

Polizze Versicherungsvertrag

Portfolio Anderes Wort für Portefeuille, Depot; Summe und Verteilung eines Vermögens

Portfoliofonds Investiert in Aktien, Obligationen und Geldmarkt, auch Anlagezielfonds genannt

Portfolio-Manager Derjenige, der für ein Portfolio in eigener Verantwortlichkeit und gemäß der vereinbarten Richtlinien die Entscheidungen für den An- und Verkauf von Wertpapieren trifft

Prämie Vertraglich vereinbarte Zahlung für die Polizze

Präsenzbörse Ist im Gegensatz zur Computerbörse an die Anwesenheit von Personen an einem gemeinsamen Ort gebunden. Sie entspricht den traditionellen Vorstellungen einer Börse, wie sie z. B. über Spielfilme vermittelt werden. Die Wiener Börse verfügt heute wie die meisten europäischen Börsen über ein elektronisches Handelssystem (XETRA) und ist keine Präsenzbörse mehr

Preisindex Berücksichtigt im Gegensatz zum Performanceindex keine Dividendenzahlungen der in ihm enthaltenen Unternehmen und dient u. a. als Benchmark für die zugrunde liegende Marktentwicklung

Price Earnings Ratio Kurs-Gewinn-Verhältnis, kurz: KGV, PE oder PER

Pricing Fortsetzung des Emissionspreises

Put (Verkaufsoption) Verbrieft das Recht, den Basiswert innerhalb eines festgelegten Zeitraumes zu einem bestimmten Preis zu verkaufen. Der Put kann gekauft und verkauft werden

Put-Call-Parität Grundlegende Arbitragebeziehung (siehe Arbitrage) zwischen Call, Put, Ausübungspreis und Basiswert. Callpreis minus Putpreis ist gleich Kurs des Basiswertes minus auf den Verfallstag abgezinster Ausübungspreis

Pyramide Illegales Geldakkumulations-Spiel

Q

Quote, Quotierung Ein von einem Market-Maker in das Handelssystem eingegebenes verbindliches Offert, bei dem gleichzeitig Geld- und Briefkurs gestellt werden

Quotenaktie Aktie ohne Nennwert, sie bezieht sich auf einen bestimmten Anteil des Unternehmens, ohne einen festen Geldbetrag zu nennen. Gegensatz: Nennwertaktie

R

Rating Beschreibt die Qualität oder Bonität eines Unternehmens. z. B. Triple-A oder AAA ist top

Real-Time-Index Index, dessen Wert nach jedem Kursvorfall ohne Zeitverzug neu berechnet wird

Realzins Rechnerischer Zinsertrag nach Abzug der Jahres-Inflationsrate

Referenzwährung Währung, in der ein Depot geführt und abgerechnet wird. Währung, in der man denkt und lebt

Rendite Direkte Rendite: ausgeschütteter Ertrag in Prozent des (Einstands-)Kurses. Indirekte Rendite: Kursgewinn bis zur Rückzahlung einer Obligation. Beides zusammen ergibt die Gesamtrendite oder Rendite auf Verfall (engl. Compound-Yield)

Rendite-Tender-Verfahren Versteigerungsverfahren zur Platzierung einer Anleihenemission der Republik Österreich

Rentabilität Bestimmt sich bei einer Wertpapieranlage aus deren Ertrag und ist das prozentuale Verhältnis des Gewinnes zum eingesetzten Kapital oder Umsatz, Rendite

Rente Regelmäßiger Verzehr des Kapitalstocks oder Vermögens. Lebenslängliche private Rente = Leibrente. Auf einen bestimmten Zeitraum beschränkte Rente = Zeitrente

Rentenmarkt Börsemarkt für festverzinsliche Wertpapiere. Der Rentenmarkt ist gemessen an Umsatz, Anzahl notierter Wertpapiere und Neuemissionen von größerer Bedeutung als der Aktienmarkt

Rentenversicherung Lebensversicherung, die im Rentenalter in Form einer Rente ausbezahlt wird

Rentenwert Wert von Anleihen/Obligationen

Repartierung Beschränkte Abnahme bzw. Zuteilung von Wertpapieren

Repräsentationsfaktor Dient der individuellen Anpassung der Gewichtung einer Aktie in einem Index, um den Index insgesamt stabil und aussagekräftig zu erhalten

Risiko Kann auf unterschiedlichste Arten definiert werden. Im Zusammenhang mit Wertpapieren bzw. Investmentfonds ist unter Risiko im engeren Sinn die Abweichung der tatsächlichen Rendite eines Investments von der vorher erwarteten Rendite dieses Investments zu verstehen. Gemäß dieser Definition sind Abweichungen nach oben genauso als Risiko zu werten wie Abweichungen nach unten. Das Risiko kann von verschiedensten Faktoren beeinflusst werden

Risikokapital Jedes Aktienkapital ist ein Risikokapital

Risikoversicherung Spezielle Art der Lebensversicherung, die im Todesfall nur die Versicherungssumme ausschüttet

Rogers, Jim US-Börsenguru

Rohstofffonds Branchenfonds, deren Vermögen hauptsächlich in Aktien von Unternehmen investiert ist, die sich mit der Verarbeitung bzw. Förderung von Rohstoffen beschäftigen

Rückgewähr Stirbt ein Versicherter mit einer Rentenversicherung „mit Rückgewähr“ früh, erhalten seine Erben das noch nicht aufgebrauchte Alterskapital. „Ohne Rückgewähr“ erhalten die Erben nichts, dafür ist die Rente höher

S

Sachwerte Anlagen, mit denen man Teilhaber und Mitbesitzer ist: Aktien(fonds), Immobilien(fonds), Edelmetall(fonds), Wertgegenstände. Im Gegensatz dazu ist der Besitzer von Geldwerten/Zinspapieren ein Gläubiger oder Kreditgeber an Banken, Staaten, Unternehmungen.

Schlusseinheit Gehandelte Mindeststückanzahl an der Börse

Schrott-Obligationen Obligationen von schlechter Qualität, auch „Junk Bonds“

Schwellenländer = Emerging Markets

Sensitivitätsfaktoren (Greeks) Geben in absoluten Zahlen an, um wie viel sich der Optionspreis oder ein Bestandteil des Optionspreises verändert, wenn sich die Einflussfaktoren auf den Optionspreis um eine Einheit verändern. Insgesamt gibt es fünf Sensitivitätsfaktoren, die mit griechischen Buchstaben gekennzeichnet sind: Delta, Gamma, Theta und Rho

Shareholder Value Wert einer Aktie, der nicht gleich dem Börsenkurs sein muss. Oft als Begriff gebraucht, um den Wert einer Aktie mehr oder weniger aggressiv zu erhöhen

Sharpe Ratio Zeigt auf, ob ein Anlageresultat mit viel oder wenig Risiko zustande kommt

Short Hat ein Anleger eine Position verkauft, ohne sie zu besitzen (leer verkauft), bezeichnet man ihn als „short". Er verkauft also in der Erwartung, seine offene Position zu einem niedrigeren Preis zurückkaufen zu können

SICAV-Fonds Gegensatz: SICAF (fix) Franz. Abkürzung für Societé d´Investissement à Capital Variable; dabei handelt es sich grundsätzlich um eine Aktiengesellschaft, deren Zweck sich aber auf die Anlage des Gesellschaftskapitals in Wertpapieren nach dem Grundsatz der Risikostreuung beschränkt. Besondere Form eines offenen Investmentfonds, die allerdings für inländische Investmentfonds nach österreichischem Investmentfondgesetz nicht zulässig ist

Small Caps Kleine Aktiengesellschaften

SMI Schweizer Aktienindex der rund 20 Large Caps

Spekulationsgeschäfte Steuerliche Definition: Kauf und Wiederverkauf eines Wertpapieres innerhalb eines Jahres

Spesen Kosten, die bei einem Geschäftsabschluss entstehen z. B. Gebühren, Aufschläge, Auslagen

SpeST (Spekulationssteuer) Werden Wertpapiere innerhalb eines Jahres wiederverkauft, müssen die Kursgewinne versteuert werden. Wird möglicherweise angehoben. Für Immobilien gelten längere Fristen

SPI Schweizer Aktienindex aller gehandelter Titel

Stagflation Zusammentreffen von Stagnation und Inflation

Stagnation Stillstand des Wirtschaftswachstums

Steuerprogression Ansteigen der prozentualen Steuer mit der Höhe des Einkommens

Stock-Picking Auswählen Erfolg versprechender Einzelaktien

Stop-loss-Auftrag Orders zum Verkauf von Aktien, die bestens (d. h. ohne Limit) ausgeführt werden, sobald der Kurs einen bestimmten Wert unterschreitet. Zweck eines Stop-loss-Auftrages ist es, sich möglichst schnell von der Aktie zu trennen

Stückzinsen Anteiliger Kupon seit der letzten Kuponzahlung, der dem Verkäufer einer Anleihe zusteht

T

Technische Reaktion Temporäre Kurskorrektur gegen allgemeine Trends

Technischer Zinsfuß Garantierter Zins

Termingeschäft Kauf oder Verkauf einer Anlage zu einem heute fixierten Preis auf einen zukünftigen Termin

Thesaurierung Gewinne werden nicht ausgeschüttet, sondern reinvestiert

Tiefcoupon-Obligationen Obligation mit tiefem Zinscoupon. Liegt dieser unter dem gegenwärtigen Marktzins, so bringt die Obligation einen (steuerfreien) Kursgewinn bis zur Rückzahlung zu 100 % (= pari)

Timing Versuch, zu tiefem Preis zu kaufen und zu hohem Preis zu verkaufen

Todesfallsumme Versicherungsauszahlung im Todesfall

Top-down Investmentstil, wo für Investitionsentscheidungen zuerst die großen (makroökonomischen) Daten, dann die Branche und schließlich die Einzelunternehmungen analysiert werden Gegensatz: Bottom-up

Treasury Werden vom Schatzamt der USA entweder als Bills (Laufzeit bis 180 Tage) oder Bonds (Laufzeit mehr als fünf Jahre) herausgegeben

Turnaround Bezeichnet die Trendwende zur Verbesserung der Lage innerhalb einer Branche, einer Aktiengesellschaft, des allgemeinen Börsentrends; also die Gelegenheit zum Einstieg an der Börse

V

Valorisierung Jährliche Anhebung einer von einer Versicherung auszahlten Rente nach versicherungsmathematischen Grundsätzen

Value-Investor Setzt auf unterbewertete Qualitätsaktien

Volatilität Schwankungsbreite des Börsenkurses (Kursvolatilität) oder der Rendite (Renditevolatilität) z. B. von Aktien, Optionen etc. innerhalb eines bestimmten Zeitraumes. An den Finanzmärkten wird die Volatilität statistisch gemessen als Standardabweichung

Vorsorgelücke Fehlendes Einkommen nach der Pensionierung, das nicht durch die Pensionsversicherung gedeckt ist

Vorzugsaktie Hat gemessen an der Inhaberaktie mehr Stimmen an der Generalversammlung und/oder eine garantierte Mindestdividende

W

Wandelanleihen Obligation, die innerhalb einer bestimmten Wandelfrist in Aktien derselben Unternehmung umgewandelt werden kann

Wandelprämie Gibt an, wie viel Prozent teurer es ist, eine Aktie über eine Wandelobligation zu kaufen

Warrant Optionsschein, nicht standardisierte Option

Wertpapier Urkunde, in der ein privates Recht verbrieft ist; zur Geltendmachung ist der Besitz der Urkunde erforderlich. Wertpapiere sind z. B. Banknoten, Schecks, Wechsel, Aktien, Anleihen. Im engeren Sinne versteht man unter Wertpapieren Effekten. Dazu zählen Schuldverschreibungen (Anleihen), Aktien, Investmentzertifikate

Wertpapierkennnummer Ermöglicht die eindeutige Zuordnung einer Aktie oder eines Optionsscheines und erleichtert die Erteilung von Wertpapieraufträgen sowie die Abfrage von aktuellen Kursen

Widerstandslinie Kursgrenzen, die auf Grund von charttechnischen Überlegungen schwer nach oben zu durchdringen sind. Zudem ergeben sich Kursobergrenzen aus dem inneren Wert einer Aktie (Fundamentanalyse)

Z

Zeichnung Kauf von Wertpapieren bei der Erstausgabe (Emission)

Zeithorizont Bezeichnung für die Anlagedauer, die entscheidend für die Wahl der Anlagen ist

Zeitrente Privatrente, die auf einen festen Zeitraum befristet ist

Zeitwert Wert eines Vermögensgegenstandes, gemessen am heutigen Preis

Zerobond Anleihen, die ihre Erträge nicht ausschütten, sondern über Kursgewinne weitergeben

Zins „Preis", den das zur Verfügung gestellte Geld kostet oder einträgt; die Ausschüttung auf Spar- und Bankkonto sowie auf Zinspapieren

Zinseszinseffekt Zinsen werden nach einem Jahr dem Kapital zugeschlagen und bringen selbst im folgenden Jahr Zinsen. Langfristig führt dies zu überdimensionalen Vermögenszuwächsen

Anmerkungen

[1] Zinsengrafik 1988 – 1999. Quelle AK-NÖ
[2] vom 23.10.2000
[3] vom 17.10.2000
[4] vom 21.3.2000
[5] gemäß § 914 ABGB
[6] 18 C 298/99 k – 25
[7] Zeit im Bild 3 am 3. Juli 2001
[8] Zeit im Bild 3 am 3. Juli 2001
[9] Unter der Telefonnummer 01-534 94 können Firmen wie auch Privatpersonen diesbezügliche Auskünfte einholen.
[10] 9 Cg 216/99x-12
[11] VÖIG (Vereinigung österreichischer Investment-Gesellschaften, die Dachorganisation aller österreichischen Fondsgesellschaften)
[12] Quelle: Spiegel 10/98
[13] Rechtliche Basis: § 14/2 WAG 1996 i.d.j.g.F
Zahradnik A. (1997): Finanzdienstleistungen und Wertpapieraufsicht, 1997. Manz.
Winternitz Ch. (1998). Wertpapieraufsichtsgesetz, 1998. Orac.
Frölichsthal G. et al (1998) Kommentar zum Wertpapieraufsichtsgesetz, 1998. Ueberreuter

Danksagung

Sie fand das Thema „heiß“ und war die erste, die mich mit allem Nachdruck überzeugte, dieses Buch zu schreiben. Nora Freys untrügliche journalistische Nase hatte die Fährte „gerochen“. Bei ihr möchte ich mich für ihre zähe Überzeugungsarbeit, die vielen langen Gespräche und konstruktiven Vorschläge bedanken.

Christoph Biro, Chefredakteur der „Kronen Zeitung“ und „Zahlenexperte“, hat (stets bei gutem Essen) ebenfalls auf mich sehr befruchtend gewirkt und mir Mut gemacht.

Ein Teil des Buches ist in unmittelbarer Nähe des Klosters auf der heiligen Insel Patmos in Griechenland entstanden. Jener Ort, an dem dem Heiligen Johannes die Apokalypse verkündet worden war. Mit gewaltigen Energien konnte ich dort in sehr kurzer Zeit sehr konzentriert arbeiten. Mein besonderer Dank gilt der Besitzerin dieses wunderbaren alten Steinhauses, die mir dieses zur kreativen Arbeit zur Verfügung gestellt hat.

Ohne jene, die hauptberuflich im Konsumentenschutz tätig sind und meine Arbeit massiv unterstützt haben, hätte dieses Buch nie entstehen können: allen voran das Konsumentenschutzministerium unter Dr. Dieter Böhmdorfer, das Innenministerium mit der EDOK, die Arbeiterkammer mit dem Team um Günter La Garde sowie Dr. Doris Wohlschlägl-Aschberger.

Leo Mazakarini war es schließlich, der mich für den Verlag entdeckt hat.

Yvonne Benedikt hat viele lange Stunden mit Detailrecherche zugebracht.

Meine beiden Söhne Philipp und Richie haben auf viele Wochenende Billard, Tischfußball und andere Vater-Sohn-Aktivitäten verzichtet, damit dieses Buch das Licht der Welt erblickt, und ich bedanke mich hier bei den beiden für so viel Verständnis. Ebenso bei meinen Eltern, die mich nun in Zukunft wieder öfter zu Gesicht bekommen werden.

Hans Peter Wilhelmer
office@wilhelmer.com